基于学生核心素养提升的
初中物理课堂教学案例评析

（上册）

主编 盛正民

上海科学技术出版社

图书在版编目（ＣＩＰ）数据

基于学生核心素养提升的初中物理课堂教学案例评析．上册 / 盛正民主编． -- 上海：上海科学技术出版社，2023.11
 ISBN 978-7-5478-6043-4

Ⅰ．①基… Ⅱ．①盛… Ⅲ．①中学物理课－课堂教学－教学研究－初中 Ⅳ．①G633.72

中国国家版本馆CIP数据核字(2023)第002350号

责任编辑　张明睿　陈鹏　李孟达

基于学生核心素养提升的初中物理课堂教学案例评析(上册)
主编　盛正民

上海世纪出版(集团)有限公司
上海科学技术出版社　出版、发行
(上海市闵行区号景路159弄A座9F-10F　邮政编码201101)
上海中华印刷有限公司印刷
开本 787×1092　1/16　印张 13.25
字数 219千字
2023年11月第1版　2023年11月第1次印刷
ISBN 978-7-5478-6043-4/G·1150
定价：68.00元

本书如有缺页、错装或坏损等严重质量问题，请向印刷厂联系调换

《基于学生核心素养提升的初中物理课堂教学案例评析（上册）》

编 写 组

主　编　盛正民

副主编　张爱梅　魏传良　苏　苓　张学忠　李　轩
　　　　　张　勇　于良永　史佳楠　王　峰

编　者　张其用　孙　武　胡思慧　关云坡　祝玉静
　　　　　周　猛　李淑娥　吴　稳　王　娟　刘美宏
　　　　　张海宽　宋洪坤　张立华　张清远　周　彬
　　　　　寻真真　项　佩　曾梅英　杨秀山　张良良
　　　　　付　倩

前　言

素养是教化的结果,是自身努力、环境影响的结果,是经过训练和实践而习得的思想品性、知识技巧和综合能力。不同于一般素养的概念,能促进成长发展,可提升进阶的是核心素养。

"核心素养"的落脚点是"人"本身,超越了知识和技能,是知识、技能、情感、态度和价值观在更高层次的整合与提升。在这一体系下,学会某种学科知识不是教育目标的全部,可以用已经获得的知识和技能来解决新任务的能力与态度才是教育的真正意义所在。

知识体系不是简单地由教师传授而来,而是由每个学生根据已有的知识和经验主动建构。学习活动是一个认知框架不断变革或重组的过程,这个过程正是新的学习活动与认知框架相互作用的结果。

中国工程院院士杜祥琬长期从事应用核物理、强激光技术等的研究工作。在谈到对物理学科的体会时,他说:"学好物理学,容易适应各种工作。因为它既是基础性的科学知识,又是理解各种问题的一种比较科学的方法,一种思维方式、一种思维的习惯,这对我们的成长,培养创新型人才都是很基础的一点。"物理作为一门初中学生的必修课程,旨在培养学生的理科思维,具有训练思维、演练方法的工具性特征,在教与学的过程中应体现经历、体验和认同的过程性价值,这一点,我们物理教师应给予高度关注。

核心素养的培养和教学的变革是紧密联系在一起的,培养学生把知识综合化,并将其转化为解决问题的能力,实现"知识作为目标"到"知识作为工具"的转变。

设计课程需要根据学情将育人目标进行分解并具体化。如何促进学生物理课程核心素养的养成和发展,要在操作层面进行更多的实践。

按课程目标来把握教学的方向,学情则是学生学习的基础和教师教学的起点,明晰学情是开展有效教学的前提。经过调研发现,目前教师只能收集到基于经验的学情信息，如何才能实现时时洞悉学情，使得教学过程有效推进呢？为此，我们同步开展了《基于学情分析下的初中物理自主学习设计及实施研究》的课题，旨在对已经掌握的学情进行调查与分析，再应用到核心素养提升的课程实施过程，使教师在设计课程实施方案、调控课堂教学节奏、把握素养提升契机、检验课堂教学效果等方面既符合课程需要，又顺应基本学情，从而使课堂教学更有针对性和实效性。

  将课程目标定位在核心素养，我们面临最大的挑战在于：一是我们的关注点需发生转向，即从关注知识的落实转向素养的养成，从习惯的教学情境创设转向基于学习的真实情境的选择，让学生在解读情境、转化信息、提炼加工中构建知识、能力和素养的模型；二是我们的课程观需发生转变，即思考如何让知识成为素养，讨论如何编制提升核心素养的教案、如何开展提升核心素养的教学，如何开发提升核心素养的课程，这些思考与讨论具有重要的理论意义与现实价值。

  教师要基于学生的情况，让不同状态的学生都有所改善，让不同层次的学生都有所提升，让不同需求的学生都有所收获。

  培育核心素养的教学改革实施以来，教师们在理论的学习中都投入了很多精力，但在实践层面，如何通过改造教学过程促进学生核心素养的提升，如何通过帮助学生学习提升学科核心素养，哪些策略能有效提升核心素养等方面并没有多少经验。《提升学生核心素养的初中物理课堂教学实践研究》和《基于学情分析下的初中物理自主学习设计及实施研究》两个课题组的核心成员，都有长期的教学经验，都是教学的行家里手。我们结合沪科版初中物理教材并通过教学案例，以提升核心素养的视角对传统的教学进行评析，并提出改造建议，希望可以帮助教师们在指导学生获得学科知识的同时培育学生物理课程核心素养。

  本书受编者水平和编写时间的限制，不尽人意之处在所难免，敬请各位读者斧正，以求实现新的提升。

  本书的编写得到了多所学校物理教师的大力支持，编写过程中也参考了很多专家、教师的成果，特此致谢！对于未详细注明的成果引用，敬请谅解！

盛正民
2022 年 12 月

目 录

第一章 打开物理世界的大门 ………………………………………… 1
  第一节 走进神奇 …………………………………………………… 2
  第二节 探索之路 …………………………………………………… 6
  第三节 站在巨人的肩膀上 ………………………………………… 8

第二章 运动的世界 …………………………………………………… 15
  第一节 动与静 ……………………………………………………… 16
  第二节 长度与时间的测量 ………………………………………… 19
  第三节 快与慢 ……………………………………………………… 24
  第四节 科学探究：速度的变化 …………………………………… 27

第三章 声的世界 ……………………………………………………… 31
  第一节 科学探究：声音的产生与传播 …………………………… 32
  第二节 声音的特性 ………………………………………………… 36
  第三节 超声与次声 ………………………………………………… 40

第四章 多彩的光 ……………………………………………………… 43
  第一节 光的反射 …………………………………………………… 44
  第二节 平面镜成像 ………………………………………………… 49
  第三节 光的折射 …………………………………………………… 53
  第四节 光的色散 …………………………………………………… 57
  第五节 科学探究：凸透镜成像 …………………………………… 60
  第六节 神奇的眼睛 ………………………………………………… 63

第五章　质量与密度 … 67
- 第一节　质量 … 68
- 第二节　学习使用天平和量筒 … 72
- 第三节　科学探究：物质的密度 … 75
- 第四节　密度知识的应用 … 78

第六章　熟悉而陌生的力 … 83
- 第一节　力 … 84
- 第二节　怎样描述力 … 89
- 第三节　弹力与弹簧测力计 … 93
- 第四节　来自地球的力 … 98
- 第五节　科学探究：摩擦力 … 104

第七章　力与运动 … 111
- 第一节　科学探究：牛顿第一定律 … 112
- 第二节　力的合成 … 117
- 第三节　力的平衡 … 121

第八章　压强 … 127
- 第一节　压力的作用效果 … 128
- 第二节　科学探究：液体的压强 … 133
- 第三节　空气的"力量" … 138
- 第四节　流体压强与流速的关系 … 143

第九章　浮力 … 147
- 第一节　认识浮力 … 148
- 第二节　阿基米德原理 … 152
- 第三节　物体的浮与沉 … 157

第十章　机械与人 … 161
- 第一节　科学探究：杠杆的平衡条件 … 162

第二节	滑轮及其应用	167
第三节	做功了吗	170
第四节	做功的快慢	174
第五节	机械效率	176
第六节	合理利用机械能	180

第十一章 小粒子与大宇宙 189
第一节	走进微观	190
第二节	看不见的运动	194
第三节	探索宇宙	199

第一章
打开物理世界的大门

从古至今,人类从未停止对自然奥秘、生活实践的科学探索与思考。物理学经历了漫长而曲折的发展过程,航天技术、激光技术、信息技术和超导技术等科技的发展,给生活和生产带来了重大影响。在物理学的发展过程中,物理学家们不仅留下了丰富的物理知识,而且还留下了宝贵的探究方法以及不朽的科学精神。

第一节　走进神奇

在自然中……

通过描述一些现象让学生体会自然界的神妙奇特，感受大自然的惊心动魄，并对神奇的大自然产生探究的兴趣。

一、教学案例

［活动一］

1. 观看图片，你能提出哪些问题？
2. 欣赏视频，谈谈自己的感受并提出问题。

二、案例评析

通过播放图片、视频来唤醒学生的视觉和听觉，有效地激发学生学习物理的兴趣，同时通过雪崩的现象对学生进行安全教育。但是这些展示的现象与学生日常的生活相距较远，会让学生产生距离感并难以理解。

建议适当增加体验性活动，以激发学生的兴趣。教材中的例子比较有限，可以再补充、拓展一些大自然中的现象，引导学生尝试描述这些现象，不仅可以拓宽学生视野，增加知识宽度，还可以培养学生的质疑意识。例如通过增加堆沙游戏和播放雪崩、泥石流视频，引导学生分析两者的相关性，把体验活动中的发现与雪崩、泥石流等现象相联系。在体验活动中增强学生的动手能力，帮助学生认识到观察实验是研究物理学问题的重要方法。

三、教学建议

［活动一］

1. 欣赏图1-1,并按照顺序补充展示太阳系、宇宙的图片,再结合"神舟十二号"3名航天员密切协同,成功实施了中国空间站阶段首次出舱活动,与学生一起讨论天文知识和科技的前沿知识。

图1-1

2. 回顾玩过的堆沙小游戏,联想雪崩、陡坡滚石等现象,结合图1-2讨论雪崩与泥石流的发生与同学们玩过的堆沙游戏有哪些相似之处;思考沙堆上的沙粒在什么情况下较为稳定,在什么情况下变得不稳定而开始下滑?

图1-2

3. 收集并展示飓风和水中漩涡的视频,引导学生描述这两种现象。
4. 欣赏闪电(图1-3)发生时的情境图片,描述现象并引发学生对闪电产生原因的思考。

图1-3

5. 雨过天晴,仰望天空,经常会看到彩虹。与学生一起讨论彩虹是如何形成的。

在生活中……

与物理有关的生活现象比比皆是,通过这些生活现象,引导学生去感悟物理学的研究范畴,感悟物理与生活息息相关。

一、教学案例

［活动二］
请同学们列举生活中与物理有关的例子,并进行简单分析。

二、案例评析

让学生列举生活现象,从而感受物理就在身边,能够激发学生的学习兴趣。但在举例时如果不加引导,只是让学生列举出一些现象,可能会造成学生对物理学研究范畴界定不清的结果。

建议增加与上述自然现象有关的活动及现象,让学生感受到大自然、生活都与物理息息相关。例如,提出自然界中的闪电与家庭电路中的电是不是一回事,能不能把闪电的能量收集起来以备家用。以此培养学生的迁移意识和提出问题的能力。

三、教学建议

[活动二]

1. 进行如图1-4所示的活动：将闪电、城市中的万家灯火相互关联，提出自然界中的闪电与家庭中用的电是不是一回事的问题。建议再补充模拟闪电实验和摩擦起电实验的图片，提出相关问题。

图1-4

2. 进行如图1-5所示的活动：如何容易地倒出饮料？再关联饮料的外带杯，将杯盖小孔周围密封后，为什么喝不到饮料？找一个茶壶，让学生观察壶盖并提问茶壶盖上为什么会有一个小孔，小孔的作用是什么？也可以关联纸片托水杯的实验图片，问学生纸片能否托住水杯？

图1-5

3. 进行简单的演示实验：如何使橡皮泥在水中漂浮，筷子插入水中会出现怎样的现象。然后再发散性提问："还能想到什么？"

第二节 探索之路

古文明中的科学思索……

从古至今，人类从未停止过对自然、对生活的科学思考与探索，经历了漫长曲折的过程。让学生初步了解对科学的思索，感受人类对科学的认识及科学的发展过程。

一、教学案例

［活动一］

请学生观看教材第5页图1-8的甲骨文和图1-9的纳西族东巴象形文字图片，讨论图片中文字的含义。

二、案例评析

先组织学生共同讨论再进行讲解，有利于学生对图片的理解。但教材版面内容有限，对学生的思维及知识面拓展不够。

建议补充一些与科学思索相关的象形文字的构成，在学生猜想的基础上，采取循序渐进的方式，层层深入，再拓展一些古人对科学的思考的内容，以加深学生的感受。亦可课前安排学生上网收集与物理学有关的科学探索的内容，使学生知道获得证据有多种途径，同时培养了学生的合作意识。

三、教学建议

［活动一］

1. 收集一些与物理学有关联的汉字,例如"声""晒""光""热"等,展示其字形的演变过程并分析其含义。

2. 了解图 1-6 中古人观测天象的手段,并说说自己对天象的认识。

图 1-6

3. 收集一些天文台、天文望远镜、天象仪、行星仪等的视频、图片资料,说说当今人类观测天象的手段和科学发展的成果。

4. 介绍位于我国贵州省的目前世界上最大的单口径射电望远镜"天眼",以提升学生的学习兴趣和自豪感。

物理学的进步之阶……

在物理学漫长的发展历程中,科学家们做出了卓越的贡献。通过介绍各位科学家的成果,体会物理学的发展过程,了解科学家在推动人类文明进程中的贡献,懂得科技的进步都是"站在巨人的肩膀上",以此培养学生的科学态度与责任。

一、教学案例

[活动二]
阅读教材第 6~7 页,了解部分物理学家对物理学的贡献,让学生相互交流。

二、案例评析

在平时的教学中,要以"润物细无声"的方式来感染学生,让学生建立起对人文精神的渴求。让学生感受物理学的发展不是一帆风顺的,甚至有人为此付出了生命。

在提升学生的学科素养中,科学精神和社会责任是探求真理、促进人类进步必须具备的品质。适当丰富教学内容,可以激发学生想要了解自然奥秘的兴趣,增强对科学探索的使命感。建议增加中国科学家的一些新成果及其研究过程的介绍,培养学生的自豪感和爱国情怀。

三、教学建议

[活动二]

1. 收集并整理有关"地心说"和"日心说"的资料。和学生一起讨论,谈谈物理学的发展历程和科学家们的艰辛付出。

2. 收集物理学家伽利略的资料及其贡献,向学生播放真空管落体实验的视频。

3. 介绍牛顿、爱因斯坦、普朗克等物理学家及其贡献,分享大家收集的有关资料。

4. 介绍我国杰出的物理学家,如杨振宁、李政道、邓稼先、钱学森等,并尝试以讲故事的形式进行讲述。

第三节 站在巨人的肩膀上

知识园地——硕果累累

从航天技术、显微镜、激光技术、信息技术和超导技术等角度介绍科技的发展,让学生从知识和技能的角度去感悟物理学的研究范畴,初步形成简单的物理观念,认识到物理学的发展给生活和生产带来了重大影响。

一、教学案例

[活动一]

阅读教材第 8~9 页的内容,谈谈科技发展的过程及其给人类生活带来的变化。

二、案例评析

让学生阅读教材相关内容,了解物理学的发展,这种认识方式缺乏对比,显得较为浅显,不能在学生头脑中留下较深的印象,不利于学生认识物理学的科学本质。

建议在教学中适当增加讨论、观察的环节,再通过问题驱动教学引导学生把人们探索神奇现象中蕴藏物理规律的过程作前后对比,帮助学生加深对物理规律的了解,感受科技发展的重大意义。

三、教学建议

[活动一]

分别从航天技术、显微镜、激光技术、信息技术、超导技术等方面对比过去到现在的发展,讨论物理学的发展及其意义。

1. 航天技术:古时候,人们是怎样认识宇宙的?结合"嫦娥奔月""荧惑守心"等典故,谈谈从古代的人们对太空的憧憬到现在的观测技术和航天的发展历程。

2. 显微镜:用肉眼能够观察到的最小物体是什么?用肉眼能否观察到一个 PM 2.5 微粒?结合光学显微镜、电子显微镜以及扫描隧道显微镜,谈谈人们认识物质结构的历程。

3. 激光技术:了解激光的相关知识和应用。分别介绍激光在农业、医疗、通信、能源等领域的应用,例如激光雕刻、激光手术、激光武器、激光能源等。

4. 信息技术:结合互联网、物联网、工业 4.0、5G 等,引发学生思考,互联网信息技术是怎样促进社会发展的。

5. 超导技术:结合超导实验室和超导电机研制成功的图片和视频,与学生讨论技术开发与研究是不是一帆风顺的。

科学探究——其乐无穷

科学探究是研究物理学最重要、最基本的方法。要不断培养学生的探究能力、问题意识、证据意识、解释交流和科学论证等各方面的能力。

一、教学案例

［活动二］

阅读教材第10页有关科学探究的过程，谈谈对每个环节的理解并举出相应的例子。

二、案例评析

用这种方式了解科学探究的各个环节，缺少了学生动手操作的过程，学生不能通过亲身的体验去体会各环节的含义，虽然举例说明能让学生知道各环节的简单含义，但是很难真正地让学生初步掌握。逐一举例的方法比较分散，学生在理解时容易混淆。

提升学生的学科素养，培养学生的科学探究能力，不仅是一个学习过程，也是一种学习方式和研究方式，更是学习科学知识、发展科学思维、形成科学态度的手段和途径。建议在教学中可以带领学生经历一次真正的探究，通过实际操作，使学生从被动接受变为积极、自觉、主动的探究。在探究中让学生体验、认识、理解每个环节的意义，在逐渐建构起探究模型的同时，让学生可以发现自己的不足，认识到自己各方面的能力有限，需要去发展提高。这样一来，既能寓教于乐，又能培养学生科学探究的兴趣。

三、教学建议

［活动二］

让学生回忆或观察家里漂亮的挂钟，用久了可能会不准时，思考这是什么原因，又该如何调节。

1. 提出问题。

摆钟摆动的快慢跟哪些因素有关呢？

2. 提出猜想与假设。
(1) 摆动的快慢可能跟摆锤的轻重有关？
(2) 摆动的快慢可能跟摆线的长短有关？
(3) 摆动的快慢可能跟偏离的角度有关？
3. 制订计划并设计实验。
(1) 按照图 1-7 所示的过程，将研究对象进行简化。

金属柱 —简化→ 细线　摆锤 —简化→ 小球　挂钟座 —简化→ 铁架台

图 1-7

所选器材：铁架台、细线、小球、夹子、计时器、刻度尺。

实验装置如图 1-8 所示。

(2) 如何比较摆动的快慢？（摆动一次的时间太短，不易测量）

① 在相同的时间内，测出摆动的次数。

② 摆动相同的次数，测出所用的时间。

(3) 每次实验需要改变几个因素？

控制变量法：每次只能改变一个因素，其他因素不变。

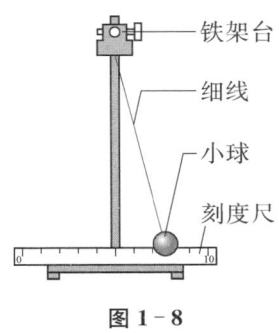

图 1-8

4. 进行实验与收集证据。

请学生分组进行实验：按照下表的图示进行分组实验，把实验结果填入相应位置。

实验名称	图　　示	实　验　方　法	实验结果
探究摆动快慢跟摆球轻重的关系	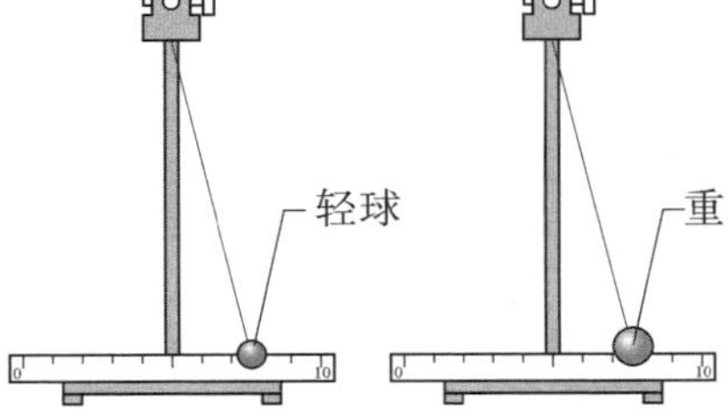 轻球　　重球	在其他条件相同的情况下（如细线长度、偏离角度相同），改变摆球的轻重，进行测量。	

(续　表)

实验名称	图　　示	实验方法	实验结果
探究摆动快慢跟摆线长短的关系	摆线短　摆线长	在其他条件相同的情况下（如摆球轻重，偏离角度相同），改变摆线的长短，进行测量。	
探究摆动快慢跟偏离角度的关系	摆角小　摆角大	在其他条件相同的情况下（如摆球轻重，摆线的长短相同），改变偏离角度，进行测量。	

5．分析与论证。

引导学生分析比较实验结果，可得：

（1）摆钟摆动的快慢跟摆球的轻重无关；

（2）摆钟摆动的快慢跟摆线的长短有关；

（3）摆钟摆动的快慢跟偏离角度无关。

6．评估。

分析探究过程中出现的问题及解决措施。

7．交流与合作。

小组之间进行交流合作，讨论存在的疑惑，反思实验的成功和失败之处。

科学精神——永远高扬

科学精神的内涵需要对学生在科学态度、科学责任和社会价值观方面慢慢渗透，这样更有利于学生对科学探究形成正确的认识，养成正确的习惯。在初学物理阶段,对科学精神的正确认识尤为重要,对提升学生的核心素养很有帮助。

一、教学案例

[活动三]

教师介绍居里夫人、爱因斯坦、玻尔、牛顿等科学家并引导学生一起讨论在发现规律、发现物质结构的探究过程中,科学精神是否重要?

二、案例评析

这种教学方式丰富了课堂内容,能够让学生正确认识科学精神。但这些例子与学生的生活较远,毕竟"纸上得来终觉浅",对学生的影响不够深刻。

建议在教学中可以让学生进行充分讨论,促进正确认识的形成,增强对科学精神的感受。再结合目前与学生生活、生产实际息息相关的一些实例,讨论找到正确的处理方式,让学生有较为深刻的体验,这便是"绝知此事要躬行"的道理。

三、教学建议

[活动三]

1. 上节课的实验中出现了哪些意外或者错误?说说你们小组是怎样处理的?

2. 你了解居里夫人、爱因斯坦、玻尔、牛顿等科学家的生活轶事吗?在发现规律、发现物质结构的探究过程中,科学精神是否重要?

第二章
运动的世界

　　自然界中一切物体都在不断地运动着。在各种各样的运动中,机械运动最普遍、最简单,人们也最熟悉。机械运动的概念及其研究方法也是后续学习的重要基础,在这部分的教学中需要结合具体的情境,顺应学生的思维,提高学生的观察能力,培养学生的探究能力。

第一节 动与静

运动的世界

通过列举不同的运动形式以及描述运动的不同方式,引出科学描述物体运动与静止的方法。课堂中需要结合具体的情境,引导学生观察并比较物体位置的变化,用科学的方法判断物体的动与静,培养学生的观察能力和思维能力。

一、教学案例

［活动一］

1. 提出问题：教室里的黑板是运动的还是静止的？

2. 学生交流辩论：认为黑板是运动的,说出理由；认为黑板是静止的,说出理由。

二、案例评析

以上案例设计思路清晰,直接让学生根据自己的生活经验判断一个物体的运动和静止,在辩论的过程中能很顺畅地引出"参照物"的概念。这种设计节约教学时间,不走弯路,是教师基于对教学目标的解读,为学生精心设计的。但单一的例子,不能培养学生的观察和概括能力,也没有科学思维的建立过程。学生在这种情境下所建立的"机械运动"概念,缺乏从物理学的视角形成的关于运动的基本认识。提供的情境得不到"加工",学生的思维容易被框定,得不到延伸,其核心素养的提升将无从谈起。

提升学科核心素养,需要学生由生活情境入手。建议可以播放学生所熟悉的生活画面,让学生列举出运动的物体和静止的物体。从身边的生活现象出发,举例说明自然界存在多种多样的运动方式。从星系、天体的运动,到汽车、火车的运动,再到分子的运动都是例证。让学生从物理的视角重新审视真实情境,通过对真实情境中信息的"加工",得到"观察""提取""抽象""概括"等关键能力的训练,再通过学生之间的交流,经历"质疑""矫正""整合""认同"等思维过程,在头脑中建立"机械运动"的概念。

三、教学建议

[活动一]

运用多媒体的视听优势,全方位、多角度展示这个运动的世界,例如,人在林荫道上行走、汽车在公路上奔驰、飞机在天空中翱翔、小鸟在树林中飞翔、月球绕地球转动、地球绕太阳转动、整个宇宙的成千上万个星系都在运动。

让学生感受我们生活的宇宙每时每刻都在运动,我们生活在运动的世界里。

再让学生列举自己熟悉的一些运动实例,结合多媒体的展示,从而得出:世界是运动的。

运动的描述

一切物体都是运动的,是自然界中普遍存在的现象。为了说明运动与静止的相对性,引入参照物的概念,用参照物来描述物体的相对运动和静止。

一、教学案例

[活动二]

提出问题:(1)为什么说黑板是运动的,所选的参照物是什么?为什么说黑板是静止的,所选的参照物又是什么?(2)分析上述画面,结合教材第14页"运动的描述"部分,说出哪些物体是运动的,为什么?

二、案例评析

两个问题的针对性很强,可以很自然地引出参照物的概念,并让学生认识到:同一个物体既是运动的,又是静止的,取决于所选的参照物。这种设计的缺点在于没有让学生经历观察和概括的过程,直接根据运动的定义去解释现象,而不是由现象去思考为什么要选择参照物,缺少了抽象概括的过程。

提升学生的核心素养,需要经历从大量的生活情境中提取、归纳、总结的思维过程。可以设计通过讨论视频中物体的运动和静止的情况,产生思维冲突:地球到底是运动的还是静止的?引发学生的探究兴趣。进一步通过自主学习、讨论交流,要想判断物体是运动的还是静止的,必须选择一个标准,也就是参照物。参照物不同,运动和静止的情况就不同。学生基于事实证据的基础,对不同观点进行辩论,经历科学的探究过程,无形中培养了学生科学论证、质疑创新的核心素养。

三、教学建议

[活动二]

(1)提出问题:上面播放的画面中,哪些物体是静止的?哪些物体是运动的?学生交流,最后讨论到出现矛盾:地球既是静止的又是运动的。

(2)阅读教材第14页"运动的描述"部分内容,思考交流:你认为上述物体是运动的,为什么?你认为上述物体是静止的,为什么?

(3)展示图2-1并提出问题:为什么同学们认为火车开动了?为什么小明认为同学们在后退?

(4)让学生将笔放在书本上,然后缓慢拉动书本,判断笔是运动的还是静止的?

(5)解释同步卫星的"同步"是什么意思?

(6)讨论:神舟载人飞船与天宫空间站对接时,两者是静止的还是运动的?

图2-1

第二节 长度与时间的测量

测量单位

物理量的测量首先要建立统一的标准,并以之为单位。国际单位制的建立为人们进行科技、贸易交流提供了便利。

一、教学案例

[活动一]

1. 观察图2-2并比较中心两个圆哪个面积大?
2. 观察图2-3并确认中间的图形是长方形吗?

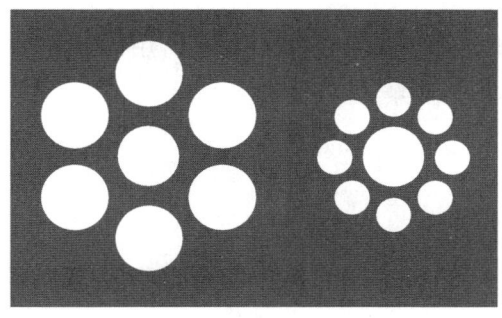

图2-2

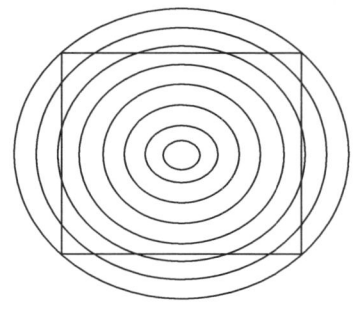

图2-3

由此得出人们的直觉有时不准确,要对物体进行定量的描述,需借助测量工具进行科学测量。尺、天平、钟表、温度计等,都是我们熟悉的测量仪器或工具。

[活动二]

1. 学生阅读教材第17~18页的内容后,教师展示长度测量工具和时间测量工具，可以用实物，也可以用图片，然后与学生共同完成下列问题。

国际单位制中长度的基本单位是_____，时间的基本单位是_____。

2. 进行单位换算。

8 km = _____ m   56 dm = _____ cm

7.2×10^6 s = _____ μs = _____ h = _____ min

二、案例评析

基于初中学生已经具有了测量长度和时间的知识和技能，通过阅读教材内容第17～18页就可以完成这部分的学习，在了解学生已有知识储备的基础上进行教学设计，节约教学时间，这是很多教师在讲这节课时普遍采用的教学模式，学生已经会的可以一带而过甚至不讲。不妥之处在于，人类对基本单位等概念的认识过程已有数千年，物理量单位的历史演变也反映人类文明的进程，每一个物理学基本量都留下了很多认识自然的精神和物质文化。本案例中的学习只是对小学阶段学习长度和时间的简单回顾，而对物理单位的意义和发展史却提及甚少。

提升学生在科学观念、科学思维以及科学态度等方面的物理学科核心素养，需要让学生有饮水思源的精神。如中国科学院院士周光召先生在《科学教育的原则和大概念》一书的序中写道："科学教育不应该传授给孩子支离破碎、脱离生活的抽象理论和事实，而是应当慎重选择一些重要的科学观念，用恰当、生动的方法，帮助孩子建立一个完整的对世界的理解。"

三、教学建议

[活动一]

根据课前收集的有关长度和时间的单位及测量工具的发展史，交流并讨论。

1. 你所了解的长度和时间的单位及测量工具的发展史。
2. 在生产、生活和科学研究中，为什么要进行测量？
3. 要进行测量，为什么必须先规定测量单位？
4. 现在使用的国际单位制和历史上其他的单位制相比，有哪些优点？
5. 教师展示中国历代度量衡值一览表。
6. 教师总结：（1）度量衡有着相当长的历史，是一种人类文明史化石；（2）国际单位制的优点：通用性、准确性、科学性和简明性。

[活动二]

阅读教材第 17～18 页内容,完成下列问题。

1. 长度测量是最基本的测量,长度测量的工具是_____。说说你所知道的刻度尺。

2. 国际单位制中长度的基本单位是_____,时间的基本单位是_____。

3. 进行单位换算。

8 km ＝_____ m　　　56 dm ＝_____ cm

7.2×10^6 s ＝_____ μs ＝_____ h ＝_____ min

4. 单位换算时应注意哪些问题？让学生交流一下想法。

听取学生汇报后,教师作如下总结：

(1)"大单位"变"小单位",乘进制;"小单位"变"大单位",乘进制的负指数。

(2)同底数幂相乘,底数不变,指数相加;同底数幂相除,底数不变,指数相减。

(3)教师分别展示长度和时间的数量级的对比表。在长度数量级的对比表中,均以 m 为单位,宏观到太阳和地球之间的距离、人的高度,微观到细菌和原子的大小。在时间数量级的对比表中,均以 s 为单位,宏观到宇宙的年龄、人的平均寿命、昆虫翅膀振动一次的时间,微观到光通过一个原子的时间。数据的出处应确保准确和权威,让学生体会时间和空间的深度和广度,初步形成宇宙观和时空观。

测量活动

测量活动在日常生活、生产活动和科学技术发展中的作用举足轻重。所谓测量,就是把检测量的值和标准量的值相比较,并以此作为被测对象的量值而进行的实验过程。

一、教学案例

[活动三]

1. 结合生活经验,判断图 2-4 中哪种读数方法是正确的。

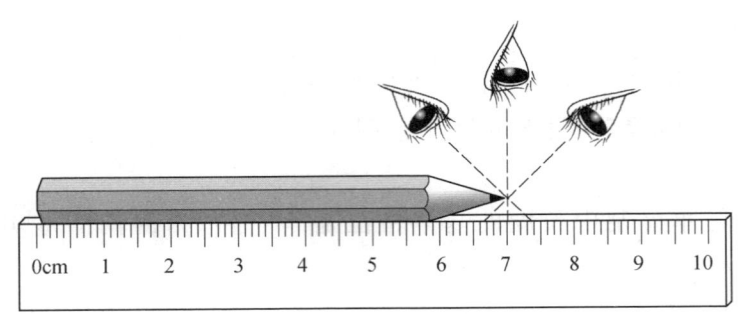

图 2-4

2. 学生阅读教材第 20 页内容并总结出正确使用刻度尺的方法，教师进行点拨。

（1）观察：刻度尺的量程（一次能测量的最大距离）、分度值（相邻两刻度线间的距离）、零刻度线。

（2）放：有刻度的一侧紧贴被测长度。

（3）读：视线与尺面垂直，估读到分度值的下一位，例如，刻度尺的分度值为 1 cm，就要读到厘米的下一位——毫米。

（4）记：记录数据和单位。

3. 让学生动手测量物理课本的长度和宽度，并汇报测量结果，教师对各小组的测量结果进行分析，并讲解要记录数据到分度值的下一位。

[活动四]

1. 观察教材第 21 页手表和机械停表的图片，找到不同点，读出此时所显示的时间。

2. 阅读迷你实验室，能够对生活中的时间和长度进行估测。

二、案例评析

通过学生的测量实践，以分组实验的形式组织教学，为每位学生主动参与动手测量创造条件，防止一部分学生成为教学活动的旁观者，引发学生的探究愿望和学习兴趣。刻度尺的读数是这一节的重要知识点，所以教师在学生自学完刻度尺的正确使用方法后，给予点拨并强调要估读到分度值的下一位，使学生学会正确读数。这种做法虽然传授了知识，但缺少学科思维训练，物理概念和规律不能在学生的头脑中得以提炼和升华，错过了一次核心素养提升的机会。

教学中对于什么是估读值，为什么要估读到分度值的下一位，只有在测量活动中进行体会,才能真正理解。学生通过测量结果的交流,经历数据的分析比较过程,找出共性和差异,才能理解估读值的意义,这样也就理解了误差的不可避免性以及误差与错误的区别。对于时间的测量,同样需要动手实验,在实践中学习停表的使用。

长度和时间的估测要结合生活实践,进行交流学习,锻炼学生科学思维,从而提升学科素养。

三、教学建议

[活动三]

观察刻度尺的量程、分度值、零刻度线,总结刻度尺的正确放置为有刻度的一侧紧贴被测长度,动手测量物理课本的长度和宽度。

1. 与同学交流,你们的测量数据一样吗?

2. 如果不一样,你认为哪一位同学的数据更接近物体的真实长度,说说你的理由。

3. 对数据进行分析交流,寻找数据差异,数据中分度值所在位之前的数据和分度值之后的数据有何特点。

[活动四]

1. 观察教材第 21 页手表和机械停表的图片,读出此时所显示的时间。

2. 练习用停表测量一段时间。

3. 阅读迷你实验室,交流讨论你所知道的估测长度和时间的方法。

4. 了解古代计时器(如日晷、刻漏、沙漏等)和现代原子钟(如铷钟、铯钟、氢钟等)的计时原理,感悟古人智慧与现代科技对生活的影响。

测量误差

误差不可避免,知道测量有误差,了解误差与错误的区别。

一、教学案例

[活动五]

阅读教材第 22 页内容,完成下列问题。

(1) 什么是误差,如何减小误差?

(2) 误差和错误有何区别?

教师点拨:误差不能避免,只能尽量减小,错误可以避免。

二、案例评析

误差是一个很抽象的概念,让学生通过阅读教材直接理解误差的概念是不太容易的。案例中的方法只能从认知的角度让学生知道误差的概念,认识误差与错误的区别,但没有让学生真正地理解误差。

建议从产生误差的最简单因素——估读切入,让学生从众多的数据中思考,到底谁的数据才是准确的呢?通过知识的迁移,知道测量数据存在着各种各样的影响因素,然后再阅读教材了解误差。

三、教学建议

[活动五]

依据活动三、活动四的测量数据,回答下列问题。

(1) 汇总数据,交流讨论:谁的数据是准确的呢?(教师引导辩论,重点在估读值上)。

(2) 分析测量数据不准确可能是受哪些因素的影响?

最后,阅读教材了解误差。

第三节 快与慢

怎样比较运动的快慢

从生活中物体运动快与慢的现象切入,通过观察和对比,引导学生掌握分析、比较物体运动快慢的方法。培养学生的观察能力和分析比较能力。

一、教学案例

［活动一］

2015年秋季，济宁市举办了环太白湖秋季半程马拉松比赛。结合视频录像让学生思考：中途的观众和终点的裁判分别是怎样判断哪名运动员跑得快？

教师总结提问：比较运动快慢的方法有哪几种？

二、案例评析

以上教学过程，可以用图片创设情境，再进行问题引领，从而帮助学生认识物体运动快慢的两种方法。其优点比较突出：教学引导的针对性较强，学生只需要结合图片情境，思考教师提出的问题，就能很顺畅地总结规律，节约教学时间。但其缺点也同样明显：这种经过"深加工"的情境，远离学生"生活"。学生在教师设计的情境下思考学习，缺少了个人对生活现象的体验、观察和理解，对情境中信息的提取、筛选等关键能力也无法得到训练。

提升学科核心素养，需要学习情境由教学化情境转向生活化情境，可以让学生亲身经历运动场景或生活中的活动。只有参与过、合作过、投入过情感、贡献过力量，才会留下美好的回忆，才有更加强烈的体验感。

三、教学建议

［活动一］

1. 创设情境：组织两位学生在教室内进行托球走比赛，另找两位同学作为裁判进行计时，要注意保证安全。

2. 提出问题：（1）作为观众，你是怎样判断谁跑得快的？（2）作为裁判，你是怎样判断谁跑得快的？

3. 做出总结：上面是从两个不同的角度比较运动的快慢，第一种是用"相同时间比路程"，第二种是用"相同路程比时间"。

速　度

虽然学生在小学阶段就接触了速度及其公式，并可以运用公式进行简单的计算。但是小学阶段教学的重点在于数学演算，对于速度的物理意义、单位等还不太理解。教师应将教学重点放在速度、时间、路程三者关系的物理意义上。

一、教学案例

[活动二]

阅读教材第 23～24 页的内容，思考、讨论以下问题。

1. 速度是采用哪一种"比较快慢的方法"来定义的？
2. 速度定义中的字母表示的物理量及国际单位、常用单位分别是什么？
3. 阅读教材第 27 页"信息窗"内容，说说 $1.5\ \mathrm{m\cdot s^{-1}}$ 的物理意义。
4. $1\ \mathrm{m\cdot s^{-1}}=$ _____ $\mathrm{km\cdot h^{-1}}$。

二、案例评析

在教师的指导下，学生对问题进行分析，再结合个人经验不难得出判断运动快慢的方法：用运动的路程除以运动的时间得到"速度"，再比较大小，以判断快慢。而阅读教材"找出"定义、单位、公式，完全是接受前人的经验，并没有经历个人的思考，核心素养提升的机会也就此错过了。

建议让学生重新回顾刚才的情境，结合对新问题的思考，从问题中构建计算方法，再导入"速度"的定义，提炼出计算公式及单位。这样一来，学生既建构了知识，又锻炼了观察、抽象的能力，对提升学科素养会大有裨益。

三、教学建议

[活动二]

提出问题：甲同学托球走用时 8 s，乙同学托球走用时 5 s，测量出全程 8 m，请分别计算出甲和乙每秒运动的路程。

1. 结合计算过程，说说计算快慢的方法（通过过程定义速度"速度 $=\dfrac{\text{路程}}{\text{时间}}$"，并导入符号、公式：$v=\dfrac{s}{t}$）。

2. 分析计算结果表示的物理意义。通过学生板书计算过程及结果得到 $v_\text{甲}=\dfrac{8\ \mathrm{m}}{8\ \mathrm{s}}=1\ \mathrm{m\cdot s^{-1}}$，即 1 s 跑 1 m；$v_\text{乙}=\dfrac{8\ \mathrm{m}}{5\ \mathrm{s}}=1.6\ \mathrm{m\cdot s^{-1}}$，即 1 s 跑 1.6 m。从而得到速度表示的物理意义，并导入速度的基本单位"$\mathrm{m\cdot s^{-1}}$"。

3. 学校门口的限速牌如图 2-5 所示,限速为 30 km·h^{-1},请学生思考:限速牌的物理意义是什么,此速度与乙同学的速度相比谁更快?

图 2-5

第四节 科学探究:速度的变化

科学探究:速度的变化

本节的内容为探究物体运动速度的变化,是学生第一次进行科学探究活动,在《义务教育物理课程标准(2011 年版)》中要求学生能通过实验测量物体运动的速度,是一个必做的学生实验。探究活动最好以小组为单位开展,提倡学生根据前面所学内容,自己设计实验方案和实验数据表格。教师要检查学生的实验方案是否可行,是否安全,再让学生进行探究性活动。

一、教学案例

[活动一]
研究小车沿斜面下行的速度变化情况。

1. 提出问题：如图 2-6 所示，一辆小车从斜面上自由下行，速度是否变化？

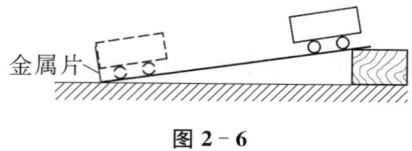

图 2-6

2. 猜想与假设：根据生活经验，小车的速度可能会越来越_____。

3. 设计实验与制订计划，讨论并回答。

(1) 怎样判断小车在下行过程中的速度是否变化？

(2) 由速度公式_____可知，要测量小车在两段的速度，我们需要测量每一段的_____及所对应的_____。

(3) 怎样在斜面上取两段相等的路程？

(4) 如何测量小车通过上半段路程和下半段路程的时间？测量下半段路程的时间能否让小车从中点处开始下行进行测量呢？

4. 进行实验与收集数据。

如图 2-7 所示，使斜面保持很小的坡度，让小车从斜面顶端下滑，把测得的数据填入下面的表格。

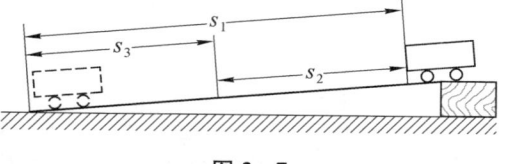

图 2-7

路程 s/m	运动时间 t/s	平均速度 v/(m·s^{-1})
全程 $s_1=$	$t_1=$	$v_1=$
上半段 $s_2=$	$t_2=$	$v_2=$
下半段 $s_3=$	$t_3=$	$v_3=$

5. 分析论证、得出结论。

比较小车在斜面上半段路程和下半段路程的速度，可以得出什么结论？

6. 评估交流。

(1) 对比其他同学的结论，所得结论是否相同？

(2) 在实验中怎样减小测量的误差？

二、案例评析

以上教学活动比较常规，也便于开展，而且教学目标的达成和落实不受场地的限制。对于学生的身心发展,从核心素养的角度来看,物理学科具有独特优势,无论是科学态度的培养还是科学思维的提升,都是其他学科无法替代的。因此物理教师在教学活动中更应立足学生的身心发展,注重培养核心素养。

从培养学生核心素养角度而言,应深入挖掘和充分利用学生身边的场景。如学生在体育课中经历过百米赛跑,任何人在百米赛跑时考虑的都是如何超越对手和赢得比赛,没有时间思考速度的变化,即使从观众的角度去看,往往也会选择其他选手作为参照物,而无法清晰地感知某位选手速度的变化。所以,学生并不熟悉百米赛跑中的速度变化。可以把这个活动放在课下,不仅时间充裕,还可以让学生提交一份研究报告作为拓展作业,这样学生的收获也会更多。让学生获取信息的手段多样化,这是一种学习能力的培养。

三、教学建议

[活动一]

1. 引入:用百米赛跑的例子让学生初步感受速度的变化。

2. 提出问题:在百米赛跑中,感觉自己的速度是否变化,是如何变化的?引导学生说出百米赛跑的速度如何变化,出现分歧时抛出问题:怎样才能知道你跑步时的速度变化?

3. 总结:对于速度变化的探究,可以利用多种情境培养学生的迁移能力。引导学生设计、讨论合理的实验方案。由于受场地限制,百米赛跑实验无法在教室内完成,但可以利用分段测量的思想,探究小车沿斜面下行的速度变化。在这个实验中,难点是时间的测量。对于这个环节,可以让学生尝试分组实验,交流汇报实验中遇到的困难及改进方法,如下表。

遇到的困难	改 进 方 案
小车路程测量不准确	对于路程的测量,应选择唯一的参照点,例如小车的车头或车尾
小车下行速度过快,时间测量误差过大	减小斜面坡度
由于小车在经过某一点时有一定的速度,导致通过该点往后的后续路程的时间测量误差过大	利用小车全程的时间减去小车到该点前所用的时间

组织学生进行实验,经过收集数据和分析计算,最后得出实验结论。上述的百米赛跑实验,可以利用学生课下时间完成,并让学生提交一份研究报告作为拓展作业。

第三章
声的世界

　　声音是信息交流的重要载体,也是日常生活中普遍存在的物理现象。由于学生刚开始进行物理课程的学习,对物理学科的学习方式不太了解,因此在引导学生认识声现象的同时,让学生经历探究过程,体验科学方法,对提升学生的核心素养具有非常重要的意义。

第一节 科学探究：声音的产生与传播

声音是怎样产生的

生活中，我们会听到各种各样的声音，但学生对"声音是如何产生的"这一问题缺乏认识。利用科学的方法探究声音产生的条件是本节的重点内容，需要教师引导学生开展探究，帮助学生认识到声音产生的原因。

一、教学案例

播放身边熟悉的声音：流水潺潺、琴声悠悠、飞机轰鸣等，思考：声音是怎样产生的？声音又是如何传到我们耳朵里的？

[活动一]

1. 扬声器播放音乐时，会发现放在纸盆上的泡沫塑料小球会跳动[图3-1(a)]；把正在发声的音叉轻轻插入水里，会看到水花飞溅[图3-1(b)]。

(a)

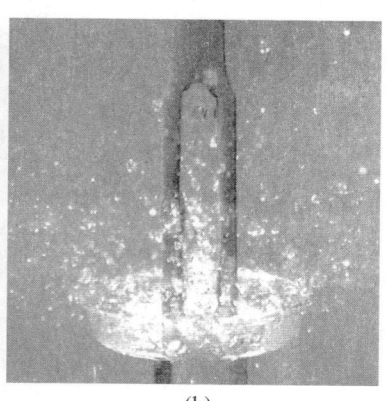
(b)

图3-1

通过以上现象，请你分析声音产生的原因。

2. 联系生活，你能说出图3-2所示的几种乐器发声的原因吗？

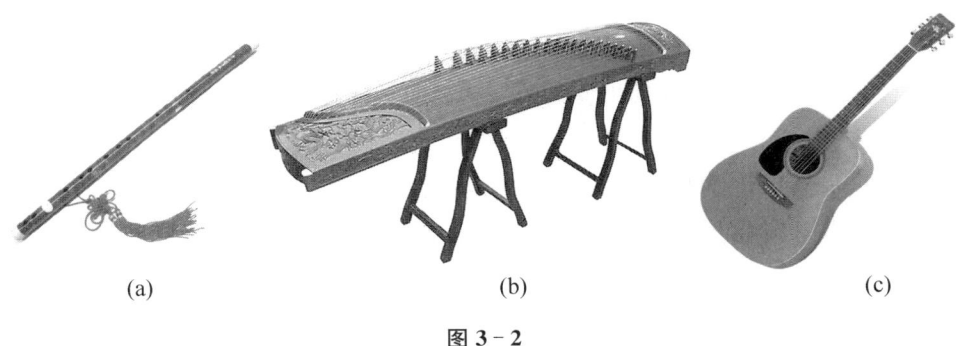

图 3-2

二、案例评析

通过播放身边的声音引入新课，缺少亲身实验所带来的冲击力，不利于激发学生的兴趣。对于声音产生的原因，上述课堂设计过于注重知识的传授，学生的主体地位不能得到较好的体现，没有让学生经历科学探究的过程，不利于培养学生的科学探究能力。

教学中可以借助实验激发学生的学习兴趣，让学生使用身边的器材进行大量的发声实验。学生通过思考一些最常见、最普遍的现象，完成生活到物理的过渡，提炼出声音产生的原因，同时体会转换法这一重要的科学方法。对于声音是由振动产生的这一结论的得出，可以让学生经历以下过程：① 一切发声的物体都在振动；② 振动停止，发声也停止。然后在这个基础上，进一步推理得出声音是由物体振动产生的这一结论。这样有利于培养学生科学严谨的思维习惯，提升学生的核心素养。

三、教学建议

观看图3-3所示的小魔术"舞林高手"（用卡纸做成一个盒子，并把喇叭放入盒子中，做成一个"舞台"，台上小人在音乐声中翩翩起舞），小人为什么会随着音乐翩翩起舞呢？

图 3-3

[活动一]

让学生尝试使桌面上的器材（钢锯条、小鼓、橡皮筋、音叉等）发出声音，观察现象并思考：

（1）同一物体发声和不发声时有什么不同？

（2）这些物体发声时有什么共同特征？

（3）你有什么方法能够把音叉的振动显示出来？其他小组还有什么显示振动的方法？

（4）你能否找出只发声而不振动的物体？

通过以上实验，你能得出什么结论？正在发声的物体停止振动，物体还能发声吗？

综合以上实验结论，你认为声音是怎样产生的？

你能否解释"舞林高手"背后的奥秘，请你列举出身边的一些物体发声的实例，并尝试解释其发声的原因，把你的想法与同学们交流分享。

声音是怎么传播的

声音的传播是需要介质的。通过真空振铃实验，说明声音在真空中是无法传播的。由生活中的一些事例说明声音可以在气体、液体和固体中传播，帮助学生正确认识声音的传播。

一、教学案例

［活动二］

同学们听到的声音是怎么传入我们耳朵的呢？结合图3-4所示的真空振铃实验，思考以下问题：

（1）抽气的过程中，你听到的声音有什么变化？

（2）猜想：如果把空气完全抽出来，我们还能听到声音吗？

（3）你能否列举出声音可以在液体和固体中传播的例子？

（4）阅读教材第37～38页内容，了解声音的传播速度等知识。

图3-4

二、案例评析

在抽气的过程中，学生会发现空气越少，听到的声音越小。建议再把空气逐渐充入真空罩，进一步帮助学生认识到空气越多，听到的声音越大。通过抽出空气和充入空气两个过程，让学生深刻感受声音大小的变化和玻璃罩中空气多少的关系，有利于培养学生严谨的思维习惯和科学推理能力。通过学生设计实验证明声音在液体和固体中的传播，让学生在动手、动口、动脑中获取知识，有利于调动学生的学习积极性，培养学生的核心素养能力。

三、教学建议

［活动二］

如果把发声的音箱放到月球上，你还能听到声音吗？

1. 观察实验，在抽气的过程中，听到的声音如何变化？假如把空气都抽完呢？

2. 把空气再逐渐充入玻璃罩，又有什么发现？你认为声音的传播需要什么条件？

3. 声音可以在液体和固体中传播吗？请列举生活中的例子或者设计实验来证明你的观点（可参考图3－5），在实验中你还有什么发现？

图3－5

4. 自学教材第 37～38 页内容,了解声音在不同物质中的传播速度和回声现象及其应用。思考:什么是回音现象?回音现象在生产、医疗、科技等方面有什么应用?

5. 课外活动:通过本节的学习,请你谈谈声音与我们生活的联系。

第二节 声音的特性

响度、音调、音色

人们对声音最直观的感受是声音的大小和音调的高低。但是在生活中,人们对这些问题的描述是不清晰的。因此,要在观察和实验的基础上,让学生能够较准确地认识响度和音调及其影响因素。至于音色,它的理论知识复杂、定义抽象,只需要学生知道不同发声体的音色不同就可以了。

一、教学案例

[活动一]

如图 3-6 所示,用不同的力量敲鼓和拨动琴弦,你有什么发现?

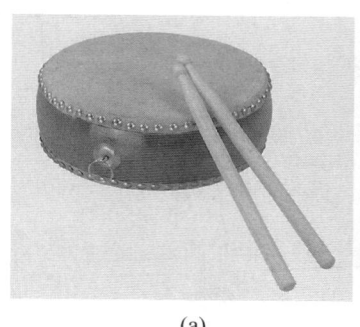
(a)

(b)

图 3-6

思考以下问题：

（1）加大力度，发出声音的响度更大，你认为影响声音响度的因素是什么？

（2）坐在教室的不同位置，学生听到教师讲课声音的响度不同，为什么？你认为响度还与什么因素有关？

（3）阅读教材相关内容，了解不同响度的听觉效果。

［活动二］

用同样大小的力拨动粗细不同的琴弦，让学生认识到声音有高有低——音调。利用纸片分别接触转速相同、齿数不同的旋转齿轮（图3-7），思考：齿轮发出声音的音调不同的原因是什么？

阅读教材第42页"频率"部分的内容，思考：什么是频率？频率的单位是什么？

［活动三］

完成"猜猜我是谁"小游戏，认识声音的另一个特性——音色。

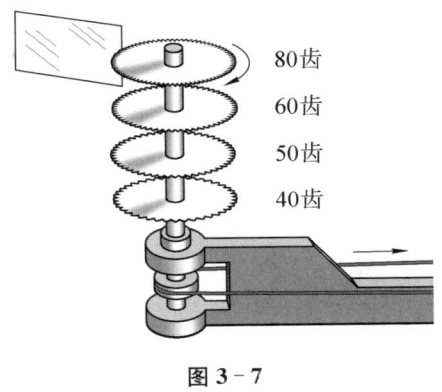

图3-7

二、案例评析

上述教学设计，在认识声音的三个特性的过程中，学生的主体地位没有得到充分的体现。对于响度和音调的影响因素，仅靠教师的演示实验得出结论，没有引导学生经历探究过程，学生缺少亲身的体验和感受，不利于培养学生的问题意识和在问题中探索物理规律的能力。

建议采用小组合作的学习方式，通过自主实验和讨论交流，让学生认识到不同声音之间的区别，顺势引出响度、音调的概念。在这个基础上，引导学生自主设计实验，探究响度和音调的影响因素。通过小组合作进行实验以及观察、对比、分析，从而得出结论，在学习知识的过程中渗透科学方法的教育，有利于学生的核心素养能力的提升。为了更好地理解声音的特性，还可以利用示波器帮助学生认识声音，使声音"可视化"，较好地激发学生的学习兴趣。

三、教学建议

利用身边的器材，发出不同的声音，说说听到的声音有什么不同。

[活动一]

各小组利用器材(吉他、鼓、钢锯条等)设计实验,探究影响响度的因素。(注意:让物体发出两次响度不同的声音,观察物体两次的振动情况有何不同)

思考:影响响度的因素是什么?响度还可能与什么因素有关?请举例说明。

[活动二]

各小组利用钢锯条和齿轮设计实验,探究影响音调的因素。(注意:让物体发出两次音调不同的声音,观察物体两次的振动情况有何不同)

思考:你认为影响音调的因素是什么?

[活动三]

1. 完成小游戏"猜猜我是谁",并阅读教材,谈谈你对音色的认识。

2. 利用图3-8所示的示波器分别显示不同的声音,认识不同物体发出声音的波形图(图3-9)。

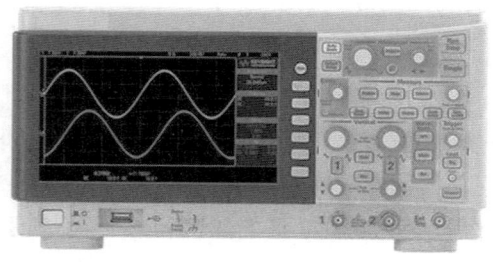

图 3-8

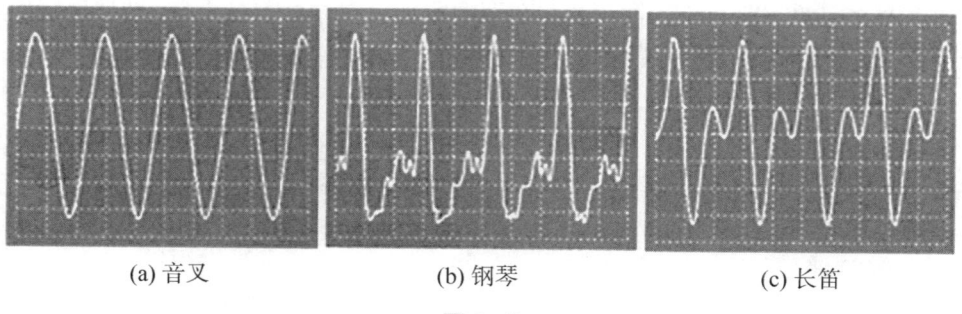

(a) 音叉　　　　　(b) 钢琴　　　　　(c) 长笛

图 3-9

噪声的防治

从环保的角度认识噪声的定义,介绍噪声给人类生活带来的危害以及可以采取的防治措施,加强学生理解科学、技术、社会和环境的关系,培养学生热爱自然、保护环境的使命感和责任感。

一、教学案例

[活动四]

学生阅读教材第 43～45 页内容,思考以下问题:

（1）什么是噪声?

（2）你对噪声的危害有何认识?

（3）人们可以从哪几个方面寻找防治噪声的方法?

二、案例评析

本案例过于注重知识的传授,忽视了学生的亲身感受。学生体会不到噪声的危害,因而对于噪声的防治意识不强,不利于培养学生的社会责任感。

建议在教学中给学生留有更多的自由空间,在确保学生安全和不影响其他班级学习的前提下,通过动手操作,让学生尝试"制造"噪声,亲身感受噪声带来的影响。通过亲身的体会,便于学生理解噪声的概念,从而主动去思考如何防治噪声。通过小活动"假如你是环保局长",在班内交流和演示噪声的防治措施,培养学生的环保意识和社会责任感,和自觉减少噪声源的意识,对生活中的声污染能提出有效的防范和改进意见。

三、教学建议

[活动四]

利用身边的器材"制造"一些噪声,谈谈自己的感受。

思考以下问题:

（1）生活中哪些地方会产生噪声?结合生活实际,谈谈你对噪声的危害的认识。

(2) 乐音有可能是噪声吗？请举例说明。

(3) 结合生活实际，谈谈有哪些防治噪声的方法？

观看视频资料，进一步感受噪声对人的身心产生的影响。

［活动五］

你了解当地的噪声情况吗？假如你是环保局长，你打算从哪几个方面防治噪声？小组内交流并在班内展示。

第三节 超声与次声

超 声

通过本部分内容的学习，不仅要让学生知道什么是超声，还要了解超声技术在生活、生产、科技和国防等方面的应用。

一、教学案例

［活动一］

自主阅读教材第 47～48 页内容，思考：

(1) 什么是超声？

(2) 超声有什么特点？谈谈超声的应用。

二、案例评析

本案例的设计偏重于知识目标的达成，不能较好地发挥学生的主观能动性，学生不能深刻体会超声对生活的影响，不利于培养学生的科学态度与责任。

对本节课的设计可以侧重于观察与体验，借助多媒体手段让学生充分"体验"电影或纪录片中，发生自然灾害时各种动物的"预警"反应，从而引出超声和次声的概念，这样的设计对学生的冲击力更强。通过让学生课前收集相关文字和视频资料,使学生主动去获取信息,培养学生收集信息的能力。通过设计"声呐探测海底的深度"的活动,培养学生利用物理知识解决实际问题的能力。

三、教学建议

［活动一］

1. 播放电影或纪录片中发生地震时的片段,在地震之前有些动物似乎会有"预感",表现出很多异常行为,为什么我们人类却感觉不到呢?阅读教材第47～49页内容,谈谈你的看法。

2. 请各小组展示你们收集的有关超声的资料,谈谈你们对超声的认识。对于同学们的观点,你是否赞同?

3. 如何利用声呐探测海中目标物体的深度,说说你们小组的做法。

次 声

本部分内容不仅让学生认识次声的产生,更应该认识次声的危害。在知识要求上,次声部分要求相对简单。

一、教学案例

［活动二］

学生阅读教材第48～49页内容,了解次声的产生、危害及预防。思考:

(1) 什么情况下会产生次声?

(2) 次声有哪些危害?如何防止次声的危害?

二、案例评析

本案例的设计不能较好地激发学生的学习兴趣,学生仅靠书面文字描述来了解次声,认识不够深刻具体,不利于培养学生自主学习的能力。

可引导学生课下收集与次声有关的文字或视频资料,在班级内进行交流展示,鼓励学生大胆发表自己的见解,从而提升学生的核心素养能力。

三、教学建议

［活动二］

1. 请各小组展示你们收集的有关次声的资料，谈谈你们对次声的认识。
2. 对于同学们的观点，你是否赞同？关于次声，你还有哪些了解？

第四章
多彩的光

　　光现象与生活紧密联系,这部分内容采用"从生活发现物理、从物理回到生活"的思路展开。注重引导学生联系生活现象,让学生动手实验,通过合作探究发现物理规律和应用物理规律来解决问题,逐步提高学生的科学探究能力。

第一节 光的反射

光的传播

我们生活在光的世界里,学生对光现象已经非常熟悉,但是对于光是如何传播的这一问题却没有清晰的认识。物理学科的学习,就是要引导学生对身边常见的现象,从物理的视角观察、思考、取证,基于实证的科学态度来认识光的传播规律。

一、教学案例

结合图 4-1,思考:图中的光是从哪来的?光源有几种?

图 4-1

图 4-2

[活动一]

1. 结合图 4-2,思考:光在空气中是如何传播的?

2. 演示实验:在水中加入少量牛奶,用激光笔在水中射出一束光,观察光的传播路径。用激光笔在透明玻璃砖和果冻里射出一束光,观察光的传播路径。

总结得出实验结论:光在同种均匀介质中沿直线传播。

3. 阅读教材"光线"部分的内容,了解描述光的传播的方法。

[活动二]

光的直线传播的应用。

1. 利用所学知识解释现象:手影、小孔成像、日食、月食等现象的成因。

2. 了解光沿直线传播的应用:激光准直、打枪瞄准等。

[活动三]

阅读教材第 54 页的内容,自学光的传播速度的有关知识。

二、案例评析

通过展示阳光透过树林的图片,能较好地帮助学生猜想光的传播路径,但是图片展示较为单调,不能更好地激发学生的兴趣。

建议利用视频"激光舞"引入新课,利用声光的结合,更能激发学生认识光、研究光的兴趣。对于光的传播路径需要放手让学生去探究,给学生提供足够的实验器材、充分的活动时间和展示机会,让学生多动手、动脑、动口,引导学生规范地进行科学探究。把探究的主动权交给学生,既能培养学生科学探究能力,又能增强学生的证据意识。对于光线部分的教学,可以让学生用图来描述光的传播路径,这样能让学生更好地体验光线模型的建立过程,培养学生的模型建构能力。在合作探究中,注重发展学生的观察、动手操作和创新能力,为学生核心素养的提高创造有利的条件。

三、教学建议

观看"激光舞"视频,思考:什么叫光源?列举生活中常见的光源,并进行分类。

[活动一]

探究光在一些物质中的传播路径。

实验器材:① 激光灯;② 水;③ 玻璃砖;④ 大矿泉水瓶;⑤ 硬纸板;⑥ 蚊香;⑦ 火柴;⑧ 牛奶;⑨ 滴管等。

利用上述器材,小组合作设计实验,观察光在空气、水、玻璃中的传播路径,并将实验方案、实验现象等相关内容填写在实验报告中。通过分析实验报告,得出结论。

学生尝试利用作图的形式表示出光的传播路径,各小组展示自己的做法并相互评价,渗透建立模型的方法。

［活动二］

光的直线传播的应用。

1. 利用投影仪或强光手电筒做手影游戏，比比谁做的手影又多又好。学生解释手影形成的原因。

2. 解释日食（或月食）形成的原因。

3. 如图4-3所示，自制小孔成像仪，分析成像原理；动画模拟激光准直现象。

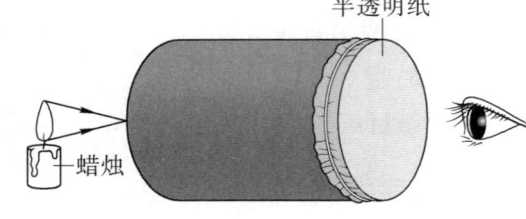

图4-3

［活动三］

打雷和闪电同时同地发生，为什么我们总是先看见闪电后听到雷声？带着这个问题阅读教材相关内容，思考：光在真空中的传播速度是多大？

光的反射定律

由实验或生活情景中光的反射现象，建立光反射的相关概念。通过实验认识到反射光与入射光共面、反射光与入射光的位置关系、反射角与入射角的大小关系等，然后利用光的反射规律画出光路图。了解光的反射有镜面反射和漫反射两种。

一、教学案例

［活动四］

探究光的反射规律。

1. 演示实验。

（1）在桌面上放一盆水，用强光手电筒照射到水面上。实验现象：可以看到墙壁上有明亮的光斑，光射到物体表面能发生反射。

（2）让激光器发出的一束光射在平面镜上，引导学生观察一点、两角、三线。教师在黑板上画出反射图，介绍入射点、入射光线、反射光线、法线等概念。（实验前提醒学生注意安全使用激光器）

2. 探究光反射时的规律。

提出问题：光在反射时遵循什么规律？反射光线从哪个方向射出？

设计实验和进行实验：选择对光反射能力强的平面镜作反射面，用白色硬纸板和白纸显示光束传播的路径，结合图4-4进行实验。

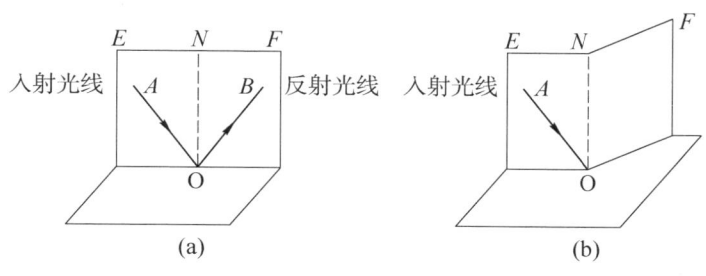

图 4-4

分析和论证：总结光的反射定律。

完成作图练习（提示：法线，既是反射面的垂线，又是反射光线和入射光线的角平分线）。

［活动五］

认识镜面反射和漫反射。

阅读教材镜面反射和漫反射部分的内容，认识镜面反射和漫反射，并找出这两者的相同点和不同点。

二、案例评析

教师对照光路图将入射点、入射光线、反射光线、法线、入射角、反射角等概念介绍给学生，学生掌握概念之后进行实验探究光的反射规律。这种设计，把"法线"的概念直接讲给学生，看似简单明了、效率很高，但是由于学生没有经历建构模型的过程，对于为什么要引入法线缺少深入思考，体验不到前人为了描述反射光线的位置、探究光的反射规律所做的努力。

为提升学生的核心素养，教学中更需要关注过程和方法。根据课上的小实验和生活经验，学生能确定反射光线的大致位置，教师要充分利用学生的这些已有知识经验，利用竹签代替光线制作一个光的反射模型，请学生描述反射光线的位置。由于缺少法线，学生很难描述反射光线的确切位置，需要"过入射点作一条垂直于镜面的辅助线"。有了这条辅助线，问题迎刃而解，学生可以体会到法线这一模型的作用。整个探究过程，学生应该在问题的引领下，开展合作探究，锻炼分析问题和解决问题的能力，及时进行归纳总结，培养创新意识和团结协作意识。对于镜面反射和漫反射,通过实验演示这两种反射(漫反射实验器材可以利用小块平面镜和凹凸不平的泡沫海绵制作),让学生发现它们的不同之处。然后结合光路思考漫反射的反射光线不再平行的本质原因——接触面粗糙不平。这样的设计更能激发学生的学习兴趣,培养学生的思维能力。

三、教学建议

[活动四]

探究光的反射规律。

认识光的反射现象:将激光射向平面镜,用作图的形式描述光反射时传播的路径,并为作出的两条光线命名。

进行活动:利用制作的光的反射模型(用一个可插入竹签的泡沫代表镜面,用两根竹签代表入射光线和反射光线),请学生用语言描述反射光线的位置。

由于缺少法线,学生很难描述反射光线的确切位置,从而引入"过入射点作一条垂直于镜面的辅助线"——法线。

1. 根据观察到的现象并结合生活经验,猜想光发生反射时反射光线、入射光线和法线的位置可能有什么关系?

2. 思考讨论下列问题,进行实验设计:

(1)怎样让光路比较清晰地显示出来?

(2)用什么方法验证反射光线、入射光线和法线在同一平面内?

(3)如何比较反射角与入射角的大小关系?

(4)实验中还需要注意什么问题?

3. 进行实验并记录数据,分析观察到的现象和测得的数据,可以得到什么结论?

4. 实验评估:对比各组数据和实验结论,谈谈实验感悟、收获以及新的发现。

完成光的反射光路图练习,学生交流总结作图注意事项。

[活动五]

认识镜面反射和漫反射。

1. 利用平行光源演示镜面反射和漫反射,通过观察,说说有什么发现?

2. 课件展示两种反射的光路图,思考:光发生漫反射时的反射光为什么不再平行?

第二节　平面镜成像

情境创设

学生对镜子很熟悉，但是对其成像的特点却并不是很清楚。通过教师的引导创设问题情境，激发学生进一步探究身边的常见现象的兴趣。

一、教学案例

播放动画"猴子捞月"，提问：猴子能捞出月亮吗？继续展示建筑物在水中的倒影、物体在光滑的地板砖上成的像等图片，引入"平面镜成像"。

二、案例评析

［活动一］

"猴子捞月"把学生带入了动画情境中，希望激发起学生的学习兴趣。然后出示水中倒影、物体在地板砖上的成像图片等内容，很自然地引导学生把焦点一下子就集中到"平面镜成像"上。但是，大家对"猴子捞月"耳熟能详，这个动画并不能激发学生浓厚的探究兴趣。

物理是以实验为基础的学科，用实验引入比用动画视频引入更接近生活，更符合物理学科的特点。如果把物理实验设计成魔术的形式展现，则能够引起学生的好奇心，使学生兴致盎然地深度思考：平面镜起的作用以及怎样做才能达到看到的效果，从而为下一步探究平面镜成像特点做好铺垫。

三、教学建议

［活动一］

小魔术：如图 4－5 所示，往空魔盒里放一个小球，学生惊

图 4－5

奇地发现盒子里有两个小球,从而引入新课。

平面镜成像的特点

平面镜成像特点的探究活动比上一节的光的反射探究实验更复杂一些。找准物体在平面镜中所成像的位置,对像与物的大小关系进行比较,是学生认识平面镜成像特点的关键。

一、教学案例

[活动二]

探究平面镜成像的特点。

1. 猜想与假设:取一块平面镜,把一支蜡烛放在平面镜前面,观察镜中物体的像。思考:像与物体的大小、位置各有什么关系?改变蜡烛到平面镜的距离,像的大小和位置有怎样的变化?平面镜所成的像能够像小孔成像一样在光屏上呈现吗?

2. 进行实验:根据以下提示进行实验。

(1)如图 4-6 所示,把白纸平铺在桌面上,平面镜垂直架在纸上,把蜡烛放在平面镜前,你能在白纸上标记出像的确切位置吗?

(2)换用玻璃板做以上实验,你能在白纸上描出像的确切位置吗?

(3)怎样比较像与物的大小?它们的大小有怎样的关系?

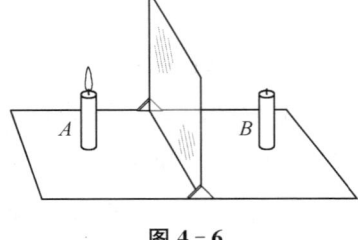

图 4-6

(4)怎样比较像与物到镜面的距离?还需要什么器材?

(5)用白纸作光屏,放在像的位置上,不透过玻璃板而直接观察白纸,白纸上能成像吗?

(6)改变蜡烛到平面镜的距离,重复上述实验,并将结果记录下来。

3. 分析与论证:分析实验现象和数据,总结平面镜成像的特点。

二、案例评析

平面镜成像特点的实验让学生自己探究有很大的难度。如果学生带着有针对性、启发性的问题先自学教材,可减少学习的盲目性,有助于提高学习效率。但是,案例中问题的引领太过详细,牵引痕迹重,留给学生的空间较少。学生缺少自己发现问题的过程,限制了学生主体作用的发挥,没有真正经历科学探究过程,限制了学生科学思维的发展。

教师应指导学生根据生活经验猜想平面镜成像的特点,明确实验目的,结合科学的方法进行实验探究。通过小组合作的方式设计实验方案,能较好地调动学生的主动性和创造性,培养学生的科学思维能力。一定要让学生自己进行实验探究,引导和鼓励学生设计出不同的方案。实验的过程中,当学生发现有两个像、找不到像或像不清楚时,会在交流评估中共同找到解决方法。加强研究方法的指导,引导学生尊重事实和证据,培养严谨的求知态度,学生在实验过程中,亲身体验到成功和失败,能够较好地促进学生核心素养的提升。通过平面镜成像的光路图,让学生认识到平面镜成像的原因,通过实验和理论相结合,让学生进一步理解平面镜成像的原理。

三、教学建议

[活动二]

探究平面镜成像的特点。

1. 猜想:学生把观察到的平面镜中的像同物体比较,说出观察到的像的特点,并提出猜想。

2. 设计实验:明确探究目的,即怎样验证像与物体的大小和位置关系。小组合作尝试设计实验。

思考以下问题:

(1) 生活中有什么既可作平面镜,又可通过此"镜"看清"镜子"后面的物体?

(2) 怎样比较像与物体的大小和位置关系?

(3) 怎样确定平面镜成实像还是虚像?小组合作交流讨论,共同找到解决问题的方法。

3. 进行实验:学生选取合适的器材,分组进行实验,探究平面镜成像特点,并做好实验记录。

4. 分析与论证:分析实验现象和数据,总结平面镜成像的特点。

5. 评估:交流讨论实验探究中的问题和解决措施。

6. 指导学生作光的反射光路图,分析平面镜成像的原理。

平面镜成像特点的应用

了解平面镜成像的特点后,可以让学生运用所学知识解释有关现象。水面倒影是生活中常见的现象,研究倒影问题可以使学生加深对"像物等距"的理解。

一、教学案例

[活动三]

平面镜在生活和生产中有哪些应用?观看牙医检查牙齿以及潜望镜的相关视频资料等。

二、案例评析

知识的学习在于应用,利用平面镜成像的特点解释一些现象,能较好地使学生加深对知识的理解。但是这种教学设计留给学生主动思考的空间较小,而且内容较为单一,在培养学生的价值观方面还有所欠缺。

如果让学生对生活中平面镜的应用进行讨论交流,可以使他们主动认识到物理既来源于生活又可以解决生活中的问题。通过介绍光污染现象,进行环境保护教育,增强学生的环保意识,帮助学生认识事物的两面性,提升学生的核心素养。

三、教学建议

[活动三]

思考以下问题,组内交流讨论。

(1)谈谈在生活中,哪些地方使用了平面镜?

(2)平面镜的使用有哪些好处?哪些地方因使用不当而造成了光的污染?提出你的合理化建议。

第三节 光的折射

认识光的折射现象

光的折射是生活中很常见的一种现象。在学习本节之前,学生已经对"水中筷子变弯"等现象有了一定的感性认识,但是却并不理解产生这种现象的原因。通过实验,结合光的反射知识,认识光的折射现象。

一、教学案例

[活动一]

认识光的折射现象。

如图 4-7 所示,利用光具盘展示一束光线从空气中斜射入玻璃的情形。学生观察并思考:

(1) 当光从空气斜射入玻璃中时,光在空气中是怎样传播的?在玻璃中又是怎样传播的?

(2) 当光从空气进入玻璃时,传播方向有没有发生改变?

教师画出相应的光路图,让学生结合光的反射知识给相应的线和角取名:入射光线、折射光线、法线、界面、入射角、折射角等。

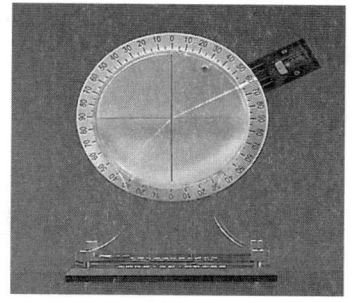

图 4-7

教师总结光的折射的定义,边画图,边对应讲解,最后要求学生动手画图。总结光的折射:光从一种透明物质斜射入另一种透明物质时,传播方向会发生变化的现象。同时,应提醒学生注意"斜射"两字。

二、案例评析

通过演示实验以及问题引导的方式来认识光的折射现象,学生缺少实践体验。问题过于简单，缺乏对学生的思维锻炼，无法起到培养学生科学思维能力的目的。教师通过画图总结光的折射定义，学生依照教师的图再画一遍进行练习，这样的教学方式说明教师较为重视知识的落实。虽然通过练习学生加深了印象，锻炼了作图能力，但是这种被教师"牵鼻子走"的设计，忽视了学生学习的主动性和创造性，不利于培养学生的独立思考能力。

建议通过观察，对比光在空气中以及从空气进入水中的现象，激发学生的探究愿望和学习兴趣，让学生认识到发现问题和提出问题是科学探究的前提。然后通过学生的动手实验，观察自己"制造"的折射现象并画出光路图，对比光的反射现象，尝试对光的折射光路图中的线和角进行命名，形成基本概念。引导学生经历折射光线模型的建立过程，留给学生更多的自由空间，可以培养学生建构模型的能力。

三、教学建议

[活动一]

认识光的折射现象。

(1) 分别演示激光在空气中以及从空气进入水中的实验，思考：对比这两个光路，你有什么发现？

(2) 小组合作进行实验，观察光从空气进入水或玻璃的折射现象，学生根据观察到的实验现象作图，尝试说出图中光线和角的名称。

(3) 小组交流合作，总结光的折射的定义。

探究光的折射规律

本部分内容是在探究光的反射规律的基础上，通过实验探究光的折射规律，研究折射光与入射光的位置关系、折射角与入射角的大小关系等。实验要分别研究光从空气射入水中和从水里射入空气中的情况，通过观察发现规律。

一、教学案例

[活动二]

探究光的折射规律。

观察光在玻璃中发生折射的轨迹，讨论回答问题：

(1) 折射光线、入射光线和法线三者之间有什么位置关系?

(2) 折射角和入射角的大小关系如何?

(3) 随着入射角的变化,折射角如何变化?

(4) 当入射光线垂直于水面入射时,折射光线的方向如何?

学生带着问题观察演示实验,并回答问题,师生共同总结出光的折射规律。

二、案例评析

这种问题引领的教学模式,通过师生合作学习探究光的折射规律,看似教师少讲,学生多参与,但是学生的主体作用没有充分发挥出来。学生缺少动手实践,缺少自己发现问题的过程。学生没有真正地经历科学探究过程,限制了其科学思维的发展。

建议采取如下措施进行教学,将有利于学生核心素养的提升:

1. 学生根据探究反射定律的经验,交流讨论如何研究光的折射规律,应用"旧知识"解决"新问题",实现知识迁移的同时,明确了实验研究的方向。

2. 提示学生从同一侧逐渐改变入射角的角度,用同一种颜色的笔记录入射光线和折射光线。分组研究光由空气进入水、由空气进入玻璃、由水进入空气、由玻璃进入空气的折射现象。学生带着明确的研究目的,结合科学的指导方法进行实验探究,体验探究过程,进行科学思维,充分调动学生的主动性和创造性。

3. 引导、组织学生分析论证,汇报展示观察的现象和总结的规律,共同讨论进行评价和总结,得出光的折射规律。当学生发现光垂直界面入射,传播方向不改变时,回顾折射定义,强调"斜射"才会发生折射现象。当学生发现"全反射"现象,教师进行简单介绍。启发学生继续实验,设计探究光路可逆的方法。

三、教学建议

[活动二]

探究光的折射规律。

1. 小组交流:我们应该从哪几个方面研究光的折射规律?

2. 设计实验:如何研究入射光线、折射光线和法线的位置关系? 如何更好地记录入射光线和折射光线? 如何比较折射角和入射角的大小?

3. 进行实验:小组合作,进行实验,探究光由空气分别进入水和玻璃,以及光分别由水和玻璃进入空气时光的折射现象,并用不同颜色的笔记录入射光线和折射光线。

4. 分析论证：

（1）结合实验过程和记录的现象，交流讨论：光在发生折射时有什么规律？

（2）你还有什么新的发现？通过实验，你是否对光的折射又有了新的认识？

5. 交流评估：谈谈你在探究过程中的收获、遇到的问题和新的想法。

解释现象

光的折射规律能解释生活和自然界中的一些现象，让学生感受到物理与生活的密切联系，培养学生运用物理知识解释自然现象和解决实际问题的能力。

一、教学案例

［活动三］

解释与光的折射有关的现象。

播放光的折射现象的视频，引导学生尝试解释这些现象。

二、案例评析

利用多媒体辅助教学，可以增强教学内容的直观性，提高学习知识的效率。但是物理是以实验为基础的科学，不能以多媒体动画替代实验。让学生亲身体验、动手实验，经历分析问题、解决问题的过程，才能实现学生核心素养的提升。

通过课堂设计，让学生做"看杯中硬币"的游戏，可以提高学生的学习兴趣；通过把探究获得的规律运用到实际生活中去，可以提高学生分析问题和解决问题的能力；通过揭示奇妙现象的本质，可以激发学生爱科学、用科学的欲望；通过规律的实践应用，把光的折射观念根植于学生头脑之中，形成用物理的视角认识和解决问题的习惯。利用水底变浅现象，进行游泳安全教育，提高学生的安全意识。

三、教学建议

［活动三］

解释与光的折射有关的现象。

1. 做一做教材第63页图4-22所示的小实验，尝试根据光路图解释其中的物理原理。

2. 举出生活中有关折射现象的例子,并尝试利用光的折射知识、结合光路图作出解释。

第四节 光的色散

研究光的色散

认识光的色散现象,做好实验、认真观察实验现象是关键。实验可以给学生足够的感性认识,让学生认识到白光是由各种色光混合而成的。在激发学生兴趣的同时,把学生引入色彩斑斓的奇妙世界。

一、教学案例

［活动一］

1. 欣赏一幅美术作品,用什么样的灯光照明最合适?

2. 教师利用三棱镜演示光的色散现象,通过观察色散后的颜色,让学生认识到白光的组成。

二、案例评析

教师直接给出问题,引导学生猜想。由于学生缺少直观体验,无法将欣赏美术作品与光的色散相联系,因此这种设计脱离实际,更像是"走过场",不能较好地培养学生的科学探究能力。

光的色散的教学应做好兴趣的激发,一定要利用多样化的器材,给学生足够的感性认识,培养学生尊重事实、实事求是的科学态度。建议利用生活中的一些常见物品制造出"彩虹",引出光的色散现象,可以很好地激发学生的学习兴趣,培养学生的科学素养。通过教师演示七种色光的复合(利用演出用的追光灯作为白光源效果较好),让学生直观地认识到白光可以分解为七种色光,而七种色光也可以复合成白光。因此,白光是由各种色光混合而成的。让学生经历上述过程,能较好地培养学生严谨的科学态度。

三、教学建议

[活动一]

1. 演示实验:利用太阳光或追光灯作为光源,在其光路上放置多种不同的光学元件、玻璃制品、三棱镜,观察现象。

2. 制造"彩虹":各小组利用手电筒、三棱镜、光盘、小镜子、装有水的水槽等器材(图4-8),尝试制造"彩虹"。

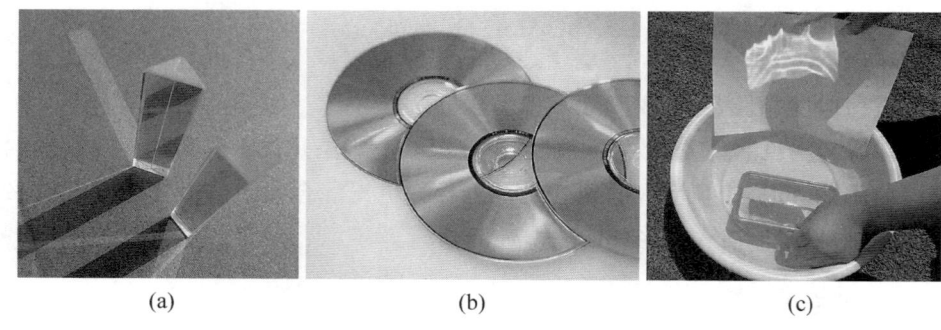

图 4-8

结合图4-9思考:一束白光在传播的过程中究竟发生了什么?是什么原因让它变成了彩虹呢?

图 4-9

3. 演示色光的复合实验,让学生观察现象。

综合白光的色散和色光的复合这两个实验,你能得出什么结论?

色光混合及物体颜色

光的色散现象和七种色光的复合初步揭示了颜色之谜,而几种单色光的混合,能帮助学生进一步认识光的三基色,也为下一步认识物体的颜色做好铺垫。

一、教学案例

[活动二]

1. 演示几种色光混合的实验,让学生思考有什么发现,提出三基色的概念。

2. 自学教材关于物体颜色的内容,了解透明物体和不透明物体颜色的"奥秘"。利用所学的知识解释"红花绿叶"的原因。

二、案例评析

学生对色光混合这个实验很感兴趣,但是教师演示实验不能最大限度地激发学生的兴趣。通过学生阅读教材认识物体的颜色的奥秘,过于重视知识而忽视了能力的培养,没有让学生去经历知识的形成过程。

如果让学生亲自做三种色光的混合实验,能够让学生得到更加深刻的体验,培养学生探索的兴趣。引导学生认识到想要得到各种颜色的光,只需要红、绿、蓝三种颜色的光源就可以做到,而红、绿、蓝三种色光是无法用其他色光混合而成的,这样的过程更能培养学生严谨的思维习惯。

对于物体的颜色,教师应注意从色光的颜色到物体颜色的过渡:我们在之前的实验中看到的各种颜色的色光,它们都是由光源发出的,而我们生活中的物体多数都不是光源,它们为什么会有颜色呢?引导学生完成探究透明物体和不透明物体颜色的本质原因。通过各小组学生的讨论交流、分析归纳,从而揭开物体颜色之谜。学生在交流、评价、质疑中获取知识,从而认识事物的本质原因,有助于培养学生独立思考和解决问题的能力。

三、教学建议

[活动二]

七种色光混合后又复合成了白光,那么七种单色光中的任意两种或几种混合后又将得到什么颜色呢?

1. 如图4-10所示,各小组利用色光混合仪探究色光的混合,记录观察到的现象。

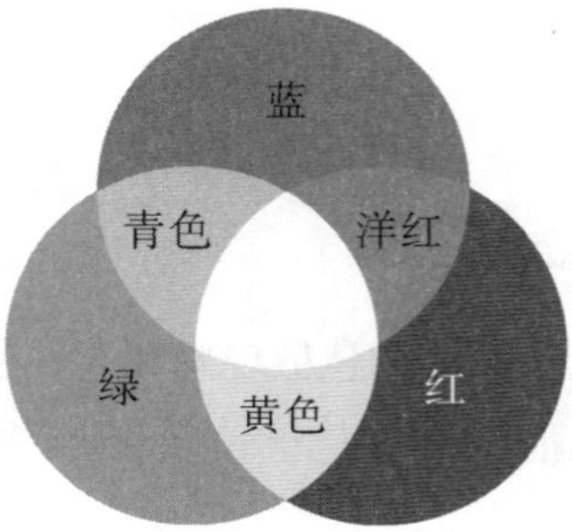

红、绿、蓝三种色光无法用其他颜色的光混合而成,而红、绿、蓝三种色光混合能产生其他颜色的光,因此把红、绿、蓝三种色光叫做光的三基色。

2. 探究物体的颜色。

(1) 让手电筒发出的白光分别通过红、黄、蓝等颜色的透明塑料片,观察白光透过透明塑料片后的颜色并记录在下表中。

图4-10

塑料片的颜色	红色	绿色	蓝色	……
观察到的颜色				……

(2) 在暗盒中,用不同颜色的光(白光、红光、绿光、蓝光)分别照射到不透明的物体上,观察现象并记录在下表中。

不同颜色的光	白光	红光	绿光	蓝光
物体的颜色				

(3) 小组交流:综合上面表格中的记录内容,有什么发现?

第五节 科学探究:凸透镜成像

认识透镜

透镜是"光的折射"知识的重要应用,认识透镜主要是了解凸透镜、凹透镜的结构及其对光的作用,知道凸透镜的焦点、焦距等概念,这对后面的探究是十分必要的。

一、教学案例

[活动一]

1. 让学生感受两种透镜,帮助学生认识凸透镜和凹透镜。

2. 演示两种透镜对平行光的作用,帮助学生认识会聚和发散作用,同时介绍透镜的相关概念。

二、案例评析

这种教学方式可以节省许多思考和活动的时间,较为容易地获取了凸透镜和凹透镜的结构特点以及对光的作用,似乎是节省了时间,但这种方法限制了学生的思维空间。学生的学习过程是在教师的指引下完成的,缺少足够的主动性,不利于培养学生的科学探究能力。

为了调动学生的学习积极性,让学生不再被动学习,可以让学生带着问题去"玩透镜"。学生通过动手实验、观察,对比分析,认识到凸透镜、凹透镜的形状以及对光的作用的不同,提高了学生的科学思维能力。学生知道太阳光通过透镜可以得到一个最小、最亮的点,要充分利用学生头脑中的这一原有经验来建立焦点等概念。这样能较好地体现学生的主体地位,学生在"玩"中提高了学习兴趣,增强了动手能力和科学思维能力。

三、教学建议

[活动一]

1. 给学生提供手电筒和各种型号的透镜让学生去"玩",这些透镜有什么不同?尝试对它们进行分类。

2. 关于凸透镜,你还知道什么?

3. 结合实验,自学教材第 70 页的第三段内容,认识透镜的几个物理概念。

探究凸透镜成像规律

凸透镜成像的规律是光学中重要的规律,通过探究实验培养学生的实验操作能力和对实验现象、数据的初步分析能力,提高学生的证据意识。

一、教学案例

[活动二]

探究凸透镜成像的规律。

1. 演示实验：利用凸透镜分别呈现不同的像，猜想：凸透镜成不同特点的像与什么因素有关？

2. 教师利用光具座演示凸透镜成像的实验，逐渐改变物距，学生观察并及时记录物距、像距及成像特点。

3. 根据记录的数据，得出凸透镜成像的规律，然后记忆凸透镜成像的规律。

二、案例评析

本案例的教学方式完全在教师的掌控之下，课堂教学看起来似乎很顺畅，但是这种方式只重视知识的传授，不利于学生的思维能力和逻辑能力的培养。这个重要的探究实验变成了走过场，错失了培养学生科学探究能力的机会。

在进行学生探究实验前要做好充分准备：一是明确实验方案及器材的使用方法；二是小组合作分工要明确，以便保证探究活动的有效进行。经过精心设计的学生探究活动，注重过程的体验，大胆放手，让学生提出问题、猜想假设、设计实验和制订计划、进行实验与收集证据、分析与论证等，将科学探究与物理知识的学习有机地结合起来，才能提升学生的科学素养。对于成像规律的得出，可以让学生把成实像的数据及成像特点输入计算机的电子表格中。通过对大量数据按照物距由大到小的顺序进行排序，学生进行讨论交流，认识到2倍焦距是成放大和缩小的像的分界点。教师进一步让学生展示物距小于焦距时的情况，帮助学生找到虚像并发现实像和虚像的分界点——1倍焦距。

三、教学建议

[活动二]

探究凸透镜成像的规律。

1. 利用凸透镜观察远处和近处的物体，你有什么发现？你能提出相关的问题吗？

2. 设计实验：

（1）要研究凸透镜成像情况与物距的关系，实验时应改变什么，观察什么？

(2) 观察光具座,认识各部分的作用。

(3) 实验中用什么作为研究对象?光屏起什么作用?怎样读取物距和像距?

了解光具座以及实验注意事项,小组合作进行实验,记录物距、像距以及成像特点,把成像情况输入计算机的电子表格中,思考:

(1) 观察电子表格中的物距、像距以及成像情况,有什么发现?放大的像和缩小的像之间是否存在一个分界点,是否能找到这个分界点?

(2) 实验中有没有光屏上得不到像的情况?该如何找到这类像?

(3) 尝试总结出凸透镜成像的规律。还有别的发现吗?说出来和大家分享。

第六节 神奇的眼睛

眼睛的视物原理

眼睛是人体最重要的器官之一,它是一个相当复杂的天然光学仪器。从结构上看,我们的眼球非常类似于照相机。

一、教学案例

[活动一]

认识眼睛的结构和成像原理。

1. 学生阅读教材第 75 页内容,说说人眼的结构。

2. 教师播放眼球结构视频,结合教材和演示视频分析人眼视物的原理。让学生清楚晶状体相当于凸透镜,眼睛成像的原理是物体在 2 倍焦距以外成倒立缩小的实像。人是通过调节晶状体来实现既能看清远处的物体,又能看清近处的物体。

二、案例评析

学生在初中生物课上已经学过本部分内容,教师的讲述也仅仅是再现旧知识,对于"人眼是通过调节晶状体来实现既能看清远处的物体,又能看清近处的物体"这一知识点依然是简单的记忆,学生并没有经历科学的认知过程。

教师可以让学生利用凸透镜成像的规律来分析人眼视物。通过分析,学生会发现:对于正常的眼睛,当物体位置的远近变化时,晶状体(凸透镜)和视网膜(光屏)的位置都不改变,但是视网膜上都能呈现出清晰的像。这个发现引发了学生的认知冲突,能够较好地激发学生学习的兴趣。然后组织学生利用水透镜进行实验,在不改变光屏位置的前提下,通过水透镜抽水、注水,使得远近不同物体的像都能呈现在光屏上。这样,学生对于正常眼睛的视物原理就会有了深刻的体验,同时培养了学生分析问题、解决问题的能力,这种在构建物理模型的基础上,对问题进行科学探索和分析,从而获得新知识的过程才有意义,学生学到的才是终身有用的东西。

三、教学建议

[活动一]

认识眼睛的结构和成像原理。

1. 学生说出自己所了解的有关眼睛结构的知识,并说出各部位的名称及作用。尝试把人眼和照相机对比,谈谈晶状体和视网膜分别相当于凸透镜成像实验中的哪个器材?

2. 提出问题:凸透镜成像时,物体靠近(或远离)透镜,像的位置将不在原光屏位置;而人眼看远近不同的物体时都能看清,说明像仍成在视网膜上,即物距改变,像距不变。那人眼是靠改变什么才能在视网膜上依然成清晰的像呢?

3. 通过水透镜模拟晶状体进行实验探究。学生对水透镜抽水或者注水,在光屏上接收到远近不同的物体的像,并记录相关信息,通过实验有什么发现?

视力的矫正

通过实验探究,了解近视眼、远视眼形成的原因,利用实验器材模拟近视眼、远视眼的矫正方法。让学生针对自己的实际情况,提出改善视力、预防近视的建议和方法,并与同学进行交流。

一、教学案例

[活动二]

1. 思考：你知道近视眼形成的原因吗？
2. 演示实验：保持凸透镜焦距不变,使物距变大,再通过给凸透镜"戴"近视眼镜的方法矫正视力。
3. 以同样的方法认识远视眼的成因及其矫正。

二、案例评析

经过教师的演示和指导,学生能够较好地理解近视眼和远视眼的成因及矫正。但是教师来演示实验,学生缺少参与的机会,不能很好地调动学生的学习积极性,不利于培养学生的实验探究能力。

由于八年级的学生有不少已经戴了近视眼镜,可以利用学生们自己的近视眼镜和教师准备的相关器材进行分组实验,让学生经历探究近视眼、远视眼的成因及矫正的实验过程,增加学生的亲身体验。通过光路分析,进一步理解视力矫正的物理原理,从而把实验和理论分析统一起来,感悟物理的统一美,培养学生学习"补偿"等科学的研究方法。

三、教学建议

[活动二]

1. 分组实验：将蜡烛放在距离凸透镜较远的位置,给凸透镜"戴"上近视眼镜,移动光屏找到清晰的像,记下此时光屏的位置(视网膜的位置)。取下近视眼镜,观察光屏上的像有什么变化？移动光屏,寻找并记录像的位置(在实验过程中,教师要求学生用画图、文字、数据等形式记录实验现象,帮助学生正确描述、分析及解释现象)。

2. 分析论证：近视眼将远处物体的像呈现在视网膜前还是视网膜后？近视眼应该用什么透镜进行矫正？

3. 理论分析：利用凸透镜成像的规律进行分析,通过小组讨论以及展示交流,让学生从理论上认识近视眼的成因以及矫正方法。

4. 将近视眼镜换成远视眼镜重复上面的实验，了解远视眼的特点及矫正方法。

透镜的应用

显微镜、照相机、放大镜等都是透镜在生活中的实际应用。了解光学仪器的工作原理，能更好地帮助学生认识光的传播规律在生活中的应用。

一、教学案例

［活动三］

学生通过阅读教材、观看视频，了解放大镜、照相机、显微镜、望远镜等神奇的"眼睛"，认识到这些"眼睛"拓展了我们肉眼的功能。

二、案例评析

引导学生阅读教材，观看相关视频，以这种方式教学，学生获取知识较为直接。虽然视频包含的内容很多，但是由于学生缺少直接体验，不能发挥学生的主观能动性，不利于培养他们的探究能力和应用知识的能力。

建议让学生利用放大镜动手操作，在原有认知的基础上获得新的发现，体会凸透镜的新"玩法"——可以"拉近"远处物体，这样能更好地激发学生的学习兴趣。

三、教学建议

［活动三］

小组合作，体验放大镜、显微镜、望远镜的作用。

1. 利用放大镜观察身边的物体，说出你的发现；体验放大镜与物体之间的位置关系。

2. 通过课件理解显微镜的成像原理，结合已有的知识经验，理解物镜、目镜的作用。

3. 自制望远镜观察远处的物体，体验远处物体被"拉近"的感觉。

第五章
质量与密度

  质量与密度是物理学中的基本概念。两个概念的发展都经历了逐步完善的过程，建立概念时从定性归纳到定量分析，逐步提高学生的理性思维能力。通过实验探究培养学生的证据意识、科学论证的能力。最后联系生产生活，培养学生解决实际问题和迁移运用的能力，树立物理源于生活、用于生活的意识。

第一节 质量

质量是物体的基本属性

质量是物理学中的一个基本概念,是国际单位制中七个基本物理量之一,它的含义和内容随着科学的发展而不断清晰和完善。学生对质量概念模型的构建也应该是不断完善的。

一、教学案例

[活动一]

1. 观察烧杯中冰熔化成水时的现象,思考：物体的状态发生变化时,质量是否变化？

2. 把橡皮泥捏成你喜欢的一个物品,思考：物体的形状发生变化时,质量是否变化？

3. 观看"天宫"空间站实况录像,思考：物体的位置变化时,质量是否变化？

4. 小组讨论：泥团捏成泥人,冰熔化成水,以及被发射到空间站上的物品,它们变化的分别是什么？没有变化的是什么？

5. 综上所述,能归纳得出什么结论？

（质量是物体的一种基本属性,不随其状态、形状、所处空间位置的改变而改变。）

二、案例评析

"物理分类"活动的设计目的：利用生活中的常见物品体现从生活走向物理的理念。通过分类认识物体、物质之间的关系——物体是由物质组成的,从而引入物理学中质量的概念。小组合作学习、彼此互动,在讨论与交流中学习多种分类方式,有助于培养学生发散思维的能力。通过举例使学生更加深刻地理解"质量",并对生活中常见物体的质量有所了解。先提出问题,再探究质量与物体的形状、状态、所处空间位置的关系。探究式的学习能使学生对所学知识更加信服,记忆更加深刻。整个教学环节顺畅,知识获得水到渠成,但是学生思维冲突不明显,缺少较为深刻的问题意识。

教学中可以通过思考气球内的物质组成使学生认识到组成物体的物质可以是肉眼看得见的,也可以是肉眼看不见的,但都是真实存在的。物体可以由一种物质组成,也可以由多种物质组成,从而加深学生对物质与物体关系的理解。由比较不同大小的铁块、小铁块与气球所含物质的多少的问题出发得出结论:用"体积"来反映"物质的多少"显然是不准确的。由此有了建立新物理量的必要,顺势建立"质量"的概念。让学生使用电子秤测量一些常见小物品的质量,通过实验观察电子秤的示数,对比前后数据的变化,培养学生的证据意识,逐渐完善质量的概念,理解质量不随物体的状态、形状、所处空间位置的改变而改变。

三、教学建议

[活动一]
(一)建立质量的概念

思考问题,交流讨论。

1. 气球内部是由什么物质组成的?
2. 大铁块和小铁块所含物质的多少相同吗?
3. 小铁块和气球这两个物体所含物质的"质"不同,这两个物体所含的物质的"量"(即"物质的多少")是否一样多呢?有没有什么办法精确地比较呢?对于不同种物质如何比较呢?

(二)认识质量是物体的属性

完成以下实验,并思考、讨论问题。

1. 将装有冰块的烧杯放在电子秤上,观察冰熔化的过程,并记录电子秤的示数有没有变化。
2. 把橡皮泥捏成不同的形状,然后用电子秤进行测量,并记录电子秤的示数有没有变化。
3. 把同一块铁块分别在不同的小组用电子秤进行测量,并记录电子秤的示数有没有变化。

4. 根据以上数据，可以得出什么结论？

质量的单位

千克是学生比较熟悉的质量的国际单位制单位。通过对生活生产中物体质量的认识，培养学生树立物理量使用国际单位制的必要性的意识。通过了解国际千克原器，培养与实物基准进行"比较"的思想。

一、教学案例

[活动二]

1. 自学教材第 84～85 页质量的基本单位和常用单位。
2. 按小组练习一些质量单位的换算。
3. 阅读教材第 87 页"信息窗"的内容，并对获取的知识进行分享。

二、案例评析

本部分知识在之前数学课上已经学过，学生比较容易掌握。本设计让学生自学，体现了课堂以学生为主的教学理念。通过学生对身边物品质量的估算，更加感性地认识质量单位的大小，体现了"从物理走向生活"的理念。分享"信息窗"的内容可以锻炼学生的理解能力和口头表达能力，培养学生的合作、交流意识。但学生对于质量作为国际单位制中基本单位的理解还不够深刻。

教学中可以先通过设置问题引导学生知道质量的单位是人为规定的，再引入国际千克原器。让学生理解质量的测量实际上是与一个规定的基准作比较。质量单位"千克"作为自然基准的国际单位制，其背后的演变蕴含丰富的历史。学生了解这段科技史可以提升学生的科学态度与责任，对科学的本质有更深刻的认识。利用多媒体展示"信息窗"的内容，让学生对宏观和微观的自然有更加深刻的认识。

三、教学建议

[活动二]

1. 请同学们说出已经知道的质量单位及其换算关系。
2. 阅读有关国际千克原器的资料，谈谈你对质量单位的认识。

3. 观看多媒体,对于质量的单位谈谈你的想法和观点。

4. 请同学们列举生活中常见的质量为几克、几十克、几百克、几千克的物品。

测量质量的工具

质量测量的工具有杆秤(图 5-1)、电子秤(图 5-2)、天平等,本环节对天平进行着重介绍。在上一环节对质量单位的规定有了了解之后,学生就不难理解天平中的"比较"意味,也能理解测量的时候为什么必须用镊子夹取砝码,而不能用手直接去拿。

图 5-1　　　　　　　　　图 5-2

一、教学案例

[活动三]

1. 观察托盘天平,认识其结构,明确各部分的名称。

2. 交流生产、生活中测量质量的常用工具,并描述它们的适用范围与使用方法。

二、案例评析

学生认识托盘天平的结构,为下节课的学习打下了基础。教学中如果只是单一地注重对天平结构的认识,不太利于学生在头脑中巩固已经建立的"比较"和"转换"的思想。教学中可以进一步拓展,通过设置问题来引导学生思考天平的原理，使学生理解测量工具使用的条件以及设计测量工具时使用的转换思想。生活即教育，物理源于生活，联系生活是挖掘物理知识、应用物理知识的重要抓手，同时从生活出发也能更好地激发学生的学习兴趣。

三、教学建议

[活动三]

1. 怎样知道物体的质量是大还是小？具体是多少呢？同学们有哪些测量方法？
2. 观察课桌上的天平，说出天平各部分的构造名称，谈谈使用天平时应注意哪些事项？
3. 在太空中天平还能继续使用吗？说出你的理由。

第二节 学习使用天平和量筒

学会使用天平

天平(图5-3)是初中物理接触的第一个较为复杂的测量工具。测量是物

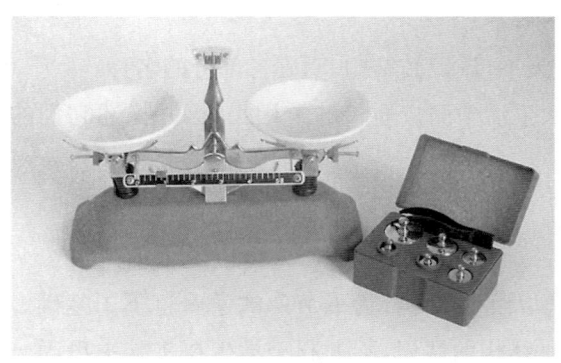

图 5-3

理实验的基本技能。通过规范地使用器材，不仅锻炼学生的动手操作能力，同时也可以培养学生的规则意识和安全意识。

一、教学案例

［活动一］

1. 请参照说明书中的"调试和使用规则"，对照实物天平学习调试。
2. 测量一些物体的质量。

二、案例评析

教学中注意引导学生养成阅读说明书、使用说明书的习惯，可以培养学生在操作活动中遵守操作规则以及认真、细心的良好品质。但是该教学案例只是让学生按照说明书进行操作，只能做到"知其然"。建议在教学中让学生"知其所以然"，并且要在"规范"两字上下功夫。在教学中，教师可以通过演示各种情况，让学生理解：为什么天平要调节平衡后才可以测量？游码的作用是什么？使用天平为何要"左物右码"？使学生认识到物体放在左盘，砝码放在右盘的合理性。理论应与学生的认知发展规律相一致，由浅入深，循序渐进，这样才能达到最好的教学效果。最后让学生测量一些物体的质量，其中一些物体为下节课学习密度时所需要测量的物体，方便前后课时的衔接，有利于教学的高效和流畅。

三、教学建议

［活动一］

让学生进行如下操作，并思考问题。

1. 将砝码盒中两个相同的 20 g 砝码分别放置在天平的两盘中，观察天平静止时的情况。说说为什么两个砝码质量相等天平却有不同的表现？
2. 在使用前应该使天平处于什么状态？
3. 使用前通过调节平衡螺母使天平横梁处于水平位置平衡，这时向右移动游码，天平的横梁还能处于水平位置平衡吗？说说游码的作用？
4. 使用前，调节平衡螺母时，游码应该处于什么位置？
5. 测量时物体和砝码应该分别放在哪个托盘中？
6. 分别测量、记录一些物体的质量，并总结使用天平时的注意事项。

教师可让学生测量身边物体的质量，也测量指定物体的质量，并做好记录。

学会使用量筒和量杯

量筒和量杯都是测量液体体积的工具，也可以通过测量液体体积的变化进而测量浸没在液体里的不规则固体的体积。培养学生直接测量和间接测量的意识，提高学生的迁移运用能力。由于量筒和量杯都是玻璃器材，所以要求学生要轻拿轻放，培养学生的安全意识。

一、教学案例

[活动二]

1. 阅读教材第 90 页有关量筒和量杯的内容，对比量筒和量杯，说说两者构造上的区别。
2. 量筒与量杯的量程和分度值有何意义？读数时应该注意什么？
3. 使用量筒和量杯时还应该注意什么？
4. 向量筒、量杯中倒入适量的水，读出水的体积。

二、案例评析

此案例让学生通过动手实践操作，提高实验操作技能。操作时要求学生严格执行操作规范，做到轻拿轻放、细心和耐心，以此能够提升学生科学行为态度方面的素养，有助于他们养成良好的习惯。但在进行读数的教学时，学生对液柱是凸液面的情形缺乏认识。

教师可以设置相关活动让学生对凸液面有更为感性的认识，使学生对液体的性质有更全面的认识。通过了解到浸润和不浸润现象，不仅让学生了解到"凸液面"的情形，同时练习了凸液面的读数，也为后面托里拆利实验打下了基础。最后，进一步提出问题：如何测量形状不规则固体的体积？拓展学生的思路，提高学生的动手能力和迁移运用能力。

三、教学建议

[活动二]

1. 阅读教材第 90 页有关量筒和量杯的内容，说说量程和分度值的意义；讨论量筒与量杯的区别。

2. 观察血压计和量筒中液面的形状,思考如何正确读出图 5-4 中量筒的示数。

3. 请同学们讨论如何测量形状不规则固体(如小石块)的体积?

(引导学生讨论,得出溢出法、浸没法等测量不规则固体体积的方法,并动手实践,练习使用量筒测量固体的体积。)

4. 动手操作,测量桌面上小石块的体积。

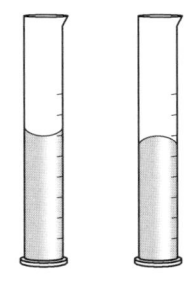

图 5-4

第三节 科学探究：物质的密度

密度是物质的一种特性,每种物质都有一定的密度,不同物质的密度一般不同。生活中学生对密度的概念已经有了初步的认识,如"铁比棉花重"。但是这种认识比较模糊,不够清晰具体,因此需要通过科学探究和比值定义法来建构密度的概念。

一、教学案例

[活动一]

1. 观察桌面上不同体积的 3 块铁块,请问哪一块的质量大?
2. 观察桌面上不同体积的 3 块铜块,请问哪一块的质量大?
3. 观察桌面上体积相同的铜、铁、铝 3 块金属块,请问哪块是铜块?
4. 通过以上观察比较,请问：
(1) 同种物质组成的物体,体积越大,质量会怎样变化?
(2) 不同物质组成的物体,体积相同,质量也相同吗?

[活动二]

提出问题：物体的质量与其体积有什么关系?

进行实验,并把实验数据填入下表中：

研究对象	质量 m /g	体积 V /cm^3	比值(质量 m : 体积 V)	
			数　值	单　位

分析与论证：

（1）由同种物质组成的物体，其质量与体积的比值是一定的；

（2）由不同物质组成的物体，其质量与体积的比值是不同的。

教师提出：这个比值反映了物质的一种特性。

[活动三]

阅读教材第94页有关密度的概念，并指出密度概念的关键词。

[活动四]

教师在黑板上写出密度的公式，让学生记忆各字母所代表的物理意义。

对学生进行提问：

（1）公式中各物理量的单位是什么？

（2）密度单位的物理意义是什么？

（3）密度的两个常用单位间的换算关系是什么？

教师出一道例题，让学生利用公式进行计算。

二、案例评析

此方案通过设计问题让学生认识到物体的质量与体积之间存在一定的关系，激起学生的探究欲望。让学生按照教师设定的思路要求进行实验，并记录数据，求出对应物体质量与体积的比值，最后对比得出结论。该设计简单直接，整个教学过程完整顺畅，节省时间。但是，密度概念的建立过于顺利，建构过程不够深刻，学生的思维没有得到提升，建构模型的能力没有得到充分提升和发展。同时，科学探究时教师直接让学生求质量与体积的比值，导致学生分析处理数据、交流与讨论的能力没有得到充分发展,证据意识没有得到培养。

为提升学生的学科素养,建议在教学中重走密度诞生时人们的思维之路,逐渐搭建思维台阶,循序渐进地建立密度的概念。先通过识别生活中常见的各种水果来开发学生的思路,提高学生的观察识别能力。进而观察铜、铁、铝等金属的不同点,再运用这些不同点去鉴别被锡纸包着的金属块。学生会发现通过比较质量与体积的比值来鉴别物质最合理。通过这种鉴别判断活动可以在学生头脑中逐渐建立起模型:同种物质组成的物体,体积越大质量越大;不同物质组成的物体,体积相同但质量不相等;质量相同的不同物质组成的物体,体积不相等。学生进一步提出问题:同种物质组成的物体的质量与体积有何关系?从而教师引导学生进行探究活动,并记录分析数据,发现同种物质组成的物体的质量与体积的比值是定值。接着,教师再引导各个小组进行交流讨论,从而发现:不同物质组成的物体的质量与体积的比值不同。由此学生认识到这个比值反映了物质的一种特性。最后,类比速度概念的建立,会用质量与体积这两个基本物理量的比值来定义新的物理量——密度。这样可以顺应学生的思维逐渐建立密度的概念,提升学生模型建构的能力、交流讨论能力和强烈的证据意识。

通过运用数学语言来表述密度,进而让学生推理得出密度的单位,并说出其物理意义。这样,密度的概念建立得更加完整,学生对比值定义法的理解也会更加透彻。最后,教师可通过从生产生活中选一些与密度相关的现象作为情境设计问题,提升学生迁移运用所学知识解决问题的能力。

三、教学建议

[活动一]

1. 请同学们说出一些水果的名称,并说说它们的不同点。
2. 桌面上有铜、铁、铝 3 块金属块,说说它们有哪些不同点。
3. 交流与讨论,你能利用大家所说的不同点来鉴别铜、铁、铝吗?
4. 请大家利用刚才的方法把桌面上用锡纸包着的 A、B、C(体积相同)3 块金属块区分开。如何区分桌上另一组物块 D、E、F(质量相同)呢?哪种方法最可行?

学生讨论说出方法,并说出其可行性。

分析发现:不同物质组成的物体可能质量相等,也可能体积相等,但质量和体积一般不能同时相等,且质量和体积之间好像存在着什么关系。

[活动二]

提出问题：同种物质组成的物体的质量与体积有何关系？

猜想与假设：体积越大，质量越大……

设计实验与制订计划：……

进行实验与收集证据：……

分析与论证：同种物质组成的物体，体积越大，质量越大；或者同种物质组成的物体的质量与体积的比值相等。

引导学生找到分析数据的方法：用图像描述数据，根据图像特点对实验结果作出解释，求出质量与体积的比值。

交流与合作：各小组分析、交流所得到的数据，得出以下结论。

（1）不同物质组成的物体的体积相同但质量不相等；

（2）质量相同的不同物质组成的物体的体积不相等；

（3）不同物质组成的物体的质量与体积的比值不相等。

[活动三]

1. 分析以上实验结论，你能想到什么？
2. 阅读教材第 94 页有关密度的概念，并指出密度概念的关键词。
3. 你还能说出哪个物理量采用了比值定义法？

[活动四]

1. 请用比值定义的数学方法描述密度，并推理出密度的单位。
2. 说出密度单位的意义及密度公式的变形公式。
3. 你认为密度能反映物质的种类吗？运用密度知识鉴别身边的一些物质。

第四节 密度知识的应用

常见物质的密度

将常见物质的密度通过表格的形式呈现给学生，引导学生通过寻找、对比表格中的数据,提升他们提取信息的能力。

一、教学案例

[活动一]

1. 请大家简单回顾上节课所学内容。

2. 阅读教材第 96～97 页固体、液体和气体的密度分类列表,分析数据,说说物质的密度有哪些特点。

二、案例评析

本案例这样设计不仅使学生认识到自然界的物质都有不同的密度,而且还让学生知道在解决实际问题时可以通过查表的方式获得一些物质密度的数值。尽管密度知识在生产和生活中的应用比较普遍,但学生在生活中的体验还是比较少,对各种物质的密度也缺乏感性的认识。

建议在教学中使用更直观的实物进行教学,有利于学生巩固建立的密度概念。课前尽可能多地准备不同物质,固体尽量规则、均匀,液体用相同容积的容器盛放,气体可装在气球内。学生分组对照教材上的密度表并用手掂量体积相同的不同物质。可通过把气球举在半空中松手,观察气球上升或下降的情况,体验不同密度值的感觉。让学生掂量一种用锡纸包住的物质,通过体验来判断这种物质的大致密度。最后,学生阅读 3 种状态物质的密度表,教师组织学生讨论、归纳物质的密度有哪些特点。通过对比密度表中的数据,使学生加深对"密度是物质的一种特性"的理解。通过运用"异中求同、同中求异"的方法来总结归纳物质密度的特点,以提高学生分析数据的能力。

三、教学建议

[活动一]

1. 请同学们采用各种方法来感受桌面上各种物体物质的密度,并说出你的办法和答案。

2. 分析教材第 96～97 页表格中的数据,说说你能从中获得哪些有用的信息。

3. 举例说说生活中密度非常大或非常小的物质,以及它们的应用,谈谈你对密度的认识。

密度知识的运用

在本部分内容的教学中,应引导学生运用密度计算公式及其变形公式进行求算,培养学生运用物理知识和方法解决实际问题的能力;引导学生认识到利用密度可以鉴别、区分不同的物质,还可以用以发现新的物质,完善学生头脑中的密度观念。

一、教学案例

[活动二]
1. 写出密度的计算公式及其变形公式,说出公式中各物理量的单位。
2. 求解课件中的3道练习,并写出解题步骤。
(3道计算题从3个不同的角度应用密度的公式。)
3. 想办法算出教室内空气的质量。

二、案例评析

本案例要求学生求出某种物质的密度,判断这是何种物质;通过密度计算出某个物体的质量或体积。引导学生运用密度的知识解决实际问题,使学生通过定量计算后作出理性的判断。但是密度知识的应用还有很多,教学中还可以进一步拓展学生的视野,拓宽学生的思维。同时还应让学生知道虽然密度是物质的特性,但某种物质的密度并非一成不变的。通过密度公式的变形,可以知二求一。本环节将通过计算某种物质的密度,从而判断这种物质。教师板演计算过程并提出规范性要求。通过密度公式求物体的体积这类例题可以让学生独立完成,再小组交流,互相改正后进行汇报。最后组织学生对教室内空气的质量进行估算,并为后面学习大气压的知识打下基础。此外,还应通过物态变化、热胀冷缩等生活常识引导学生认识到同一种物质的密度并非固定不变的,如水在不同温度下其密度会有细微的变化,正是因为4℃时水的密度最大,才确保河面已经被冰封住,而河底依然能有鱼生存。这样就使密度这个概念与其他物理知识一起形成清晰完整的物理观念。同时,还可以引导学生测量固体和液体的密度,并分析实验误差,更好地提高迁移运用能力。

三、教学建议

［活动二］

1. 通过精确的计算解决实际问题，如判断物质是否有杂质、物体是否空心、估算一些物体的质量。

2. 看视频了解气体氩的发现过程（引导学生学习科学家们探索自然的思路历程和严谨的科学态度）。

3. 看视频了解水的密度变化。

4. 想办法利用天平、量筒等器材测量出小石块的密度，并分析误差产生的原因。

第六章
熟悉而陌生的力

　　力学在物理学中占有非常重要的地位。它是物理学的基础,也是物理学和其他科学研究的典范。力是使物体改变运动状态或形变的外因。本章所学有关力的基础知识,是学生学习后续内容如"力和运动""压强""浮力""简单机械"等所必需的预备性知识。

第一节 力

力是什么

力学现象在生活中非常普遍，但力的概念比较抽象，对学生来讲比较陌生。初中阶段的学生在头脑中建构起力的概念模型有一定的难度，教师需结合具体的情境，顺应学生的思维，通过大量有关力的事例引导学生归纳出力的概念。

一、教学案例

[活动一]

请利用桌上的器材，至少设计 4 个产生力的实验，并把用力的过程和观察到的现象记录下来（见下表）。

序 号	用力过程	现 象
示例1	手拉弹簧	弹簧伸长
示例2	手推小车	小车由静止变运动
1		
2		
3		
4		
…		

问题引领：

(1) 上述实例中,分别是哪些物体间的力?是怎样效果的力?
(2) 上述实例中,有哪些共同之处?
(3) 与同学相互交流,归纳描述你对"力"的认识。
(4) 指出上述实例中的施力物体和受力物体。

二、案例评析

以上教学过程,以教学化情境创设和问题引领,帮助学生建构力的概念,是一种"学生体验+问题引领"的教学模式。其优点比较突出:"力"的概念建构路径清晰,教学引导针对性强,学生只要完成以上几个活动,体验力的存在,思考教师提出的四个问题,就能很顺畅地建构起"力"的概念。这么做,节约教学时间,不走弯路,是最近一段时间被教师们广泛采用的一种教学模式。但不妥之处也非常明显,这种设计是教师基于对教学目标的解读,为学生精心设计的"建构"路径。很显然,这种经过"深加工"的情境只属于"教学",不属于"生活"。在这种情境下建构"力"的概念,学生缺少了从物理学的视角对真实情境的观察和解读,对情境中信息的提取、筛选等关键能力也将无法得到训练。

为提升学生的学科核心素养,学习情境需要由教学化情境转向生活中真实的问题情境,可以设计学生常玩的"顶气球"游戏。这个活动虽然简单,但活动来源于生活;学生共同参与,既培养了学生间的合作意识,又让学生的注意力集中到一个关键事件上。要使气球不落地,需要"顶""打""击""拍"等多种用力的动作。让学生结合先前的体验,从物理学的视角分析本人和其他同学在"顶"气球过程中所施加力的动作,分析力的产生所依赖的环境条件,在与同学的交流中抽象出力所依赖的"物体"及力在物体间所施加的作用。让学生从物理的视角审视真实情境,对真实情境中的信息进行"加工",经历"观察""提取""抽象""概括"等关键能力的训练过程。通过同学之间的交流,学生会经历"质疑""矫正""整合""认同"等思维活动,在头脑中建构起"力是物体对物体的作用"这一概念模型。

三、教学建议

[活动一]
请同学们共同完成一个"顶气球"小游戏,实现气球始终不落地。

提出问题:回顾参与小游戏活动的情境,结合体验和生活经验,请大家谈谈"力"存在时所需要的条件。

力的作用效果

物体间是否存在力,主要是通过观察力作用在物体上产生的现象来分析。对观察到的现象进行梳理、归类,然后分析出力的作用效果。

一、教学案例

[活动二]

1. 提出问题:结合教材第 103 页"力的作用效果"部分,分析上述活动中的"现象"。

2. 思考讨论:

(1)你认为力的作用效果有哪些?

(2)列举"力改变物体形状"的生活实例。

(3)物体运动状态改变的情境有哪些?请分别举例并解释。

3. 得出结论:力是物体对物体的作用;力可以使物体的形状发生改变,也可以使物体的运动状态发生改变。

二、案例评析

在教师的指导下,学生对现象进行分析归纳,很容易总结出力的两个效果:力可以改变物体的形状;力可以改变物体的运动状态。由于教师指导到位,学生不需要观察、思考、筛选,就可以归纳出两个不同的效果。虽然建构了知识,但学生没有得到学科思维的训练,核心素养提升的机会也就消失了。

如果让学生重新回顾先前的"顶气球"小游戏,回忆气球在空中运动的过程中其位置、形状、运动快慢都发生了哪些改变,学生会结合体验重新搜索信息。气球上升、下降、转向,经历了"变形""变向""变速"等物理过程,并进行信息"加工",梳理出力的两个作用效果。这样既建构了知识,又培养了学生观察、提取、归纳的能力,对提升学生的学科素养会有很大帮助。

三、教学建议

[活动二]

提出问题:

（1）回顾刚才的小游戏，气球在空中经历了哪些运动过程？气球本身发生了哪些变化？（2）思考气球的运动过程和气球本身发生变化的原因是什么？（3）力的作用效果有哪些？

力的作用是相互的

物体间力的作用是相互的，这是力的一个重要特征。学习力的作用的特点，将有利于分析生活中的一些物理现象，如火箭升空、划船等场景中物体间力的作用。主动加强物理观念的应用和渗透，将更有利于提升学生的学科核心素养。

一、教学案例

[活动三]

如图6-1所示，让穿着轮滑鞋的甲、乙两位同学相对而立，甲同学用力推乙同学。

1. 提出问题：通过现象分析"甲对乙施力时，乙是否对甲也施加了力"，由此说明了什么？

2. 知识应用：请应用所学知识，解释"想要船前进时，运动员要向后划水的原因"。

图6-1

二、案例评析

图6-1中，穿着轮滑鞋的甲、乙两位同学相对而立，甲同学用力推乙同学，通过现象分析"甲对乙施力时，乙对甲也施力了"来认识"力的作用是相互的"。然后让学生再列举生活中的事例说明力的这一特点，通过大量事实让学生在头脑中对"力的作用是相互的"形成认同感。这种教学方式，旨在通过对生活中的现象分析和大量事实，让学生认识到物体间力的作用是相互的，然后利用力的这一特点解释生活中的一些现象。这是典型的在教师的引导下，通过灌输的方式让学生分析案例来认识力的作用特点，然后应用特点解释现象的教学流程。这样做，很难提升学生的学科素养。

建构学生的思维模型，让学生运用思维模型来认识力的重要特征。分析生活中的物理现象，有助于提升学生的思维品质和责任意识。张宪魁教授曾提出：一个完整的物理实验都是由实验对象、实验源和实验效果显示器三个基本部分组成的。上述教学案例中，实验对象和实验源都是可以主动施力的生命体，让学生明确区分有一定的难度，而且容易混乱。而如果先让学生分析如图6-2所示的情境中的同学，就非常容易区分。因为在图6-2的情境中，实验对象是不会主动施力的墙壁，实验源是主动施力的同学。对两图情境对比分析，见下表。

图6-2

实验情境	实验对象	实验源	实验效果显示器
如图6-2所示	墙壁	同学	同学
如图6-1所示	同学乙	同学甲	同学甲

因此，从提升核心素养的角度，可以按照如图6-3所示的结构化的教学流程设计来进行教学。提供简化模型让学生分析，更能顺应学生的思维。通过简化模型进行分析，形成简单的思维模型，再应用思维模型解释生活中的现象。通过迁移应用思维模型，提升学生的应用意识，这样更有利于突破这一教学难点。同时，通过结构化的学习活动设计，在建构思维模型的过程中，培养学生的学科思维。

分析实例　　　现象分析　　　解释现象　　　迁移应用
建构模型　→　建构模型　→　应用模型　→　培养应用意识

图6-3

三、教学建议

［活动三］

请一位同学穿着轮滑鞋用力推墙，大家仔细观察发生的现象。

请大家应用所学知识,解释:

1. 火箭是如何升空的?
2. 划船时,为什么要向后划水船才能向前进?
3. 如何防止行驶中的车辆追尾,避免造成交通事故?

第二节 怎样描述力

力的三要素

力的三要素是影响力的作用效果的因素,需要通过实验、生活生产中的现象及感受让学生加深理解。初中的学生喜欢动手操作,可以通过设置游戏、解决问题等活动让学生进行体验从而归纳总结出力的三要素。

一、教学案例

［活动一］

方案1:按照要求完成以下任务。

1. 用大小不同的力拉弹簧,观察弹簧的(形状改变)伸长有什么不同。
2. 改变踢球的方向,观察力的方向改变时物体的运动方向的改变。
3. 在不同的位置开门,观察开门的效果。

通过分析对比可以得出什么结论?

方案2:在木板上竖直固定一个薄铁片,要求如下。

1. 用大小不同的力向左拉铁片,观察铁片的变化。
2. 用大小相同的力向不同的方向拉铁片,观察铁片的变化。
3. 用大小相同的力在不同的位置向同一方向拉铁片,观察铁片的变化。

通过分析对比可以得出什么结论?

二、案例评析

方案1选材于生活中的物品,教学情境设置源于生活情境,有利于学生理解、掌握本节的知识。但是,教学过程中学生的参与面较窄、互动少、缺乏来自生活的体验,学生的自主学习能力不能得到提升,学生没有充足的动手动脑的机会,核心素养的提升受到限制。方案2针对性强、导向性强,通过教师的精心设计,学生不需动手,只需观察思考,实验结论的得出没有阻碍。但是,这种教学方案仅仅注重了知识教学,脱离生活实际,且单一地从力可以改变物体的形状角度进行探究,相对比较片面,学生的动手动脑能力受到约束。实验过于严谨会限制学生的思维,不利于学生树立物理就在身边、物理服务于生活的素养养成。

如果能够设计学生感兴趣的、与学生生活贴近的生活情境,让所有的学生都能参与,通过动脑思考、动手体验,感受力的三要素对力的作用效果的影响,将会更加有利于学生归纳、理解、认同结论。同时,学生的科学推理论证能力也能够得到提升。设计让所有学生感兴趣的掰腕子、玩乒乓球游戏,在遵守游戏规则的前提下,通过改变力的大小、方向、作用点来思考如何才能获胜,再通过实际的实验操作检验学生自己的结论。进而让学生分析解释获胜或者失败的原因,再引导所有学生总结得出力的三要素。这样有利于提高学生的分析能力、语言表达能力,同时还培养了学生的规则意识和团队合作意识,学生的核心素养同样能够得到提升。

三、教学建议

[活动一]

1. 掰腕子比赛:如图6-4所示,两同学手掌相握,比一比谁最先把对方的手按倒在对方一侧,分析获胜或者失败的原因。

2. 反向掰腕子比赛:如图6-4所示,两同学手掌相握,比一比谁最先把对方的手拉倒在自己这一侧,并分析获胜或者失败的原因。

3. 变相掰腕子比赛:如图6-5所示,第一局中获胜的同学用手握住对方的前臂,试一试还能否把对方按倒在对方一侧。谈谈相比第一次比赛的感受,并分析解释获胜或者失败的原因。

 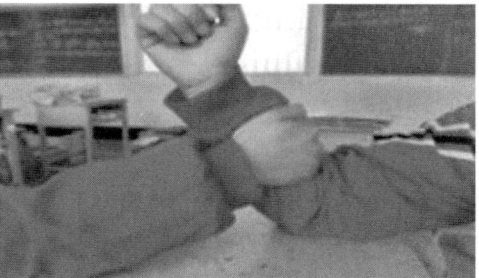

图 6-4　　　　　　　　　　　　图 6-5

力的单位

为了纪念牛顿在力学上的贡献,物理学中以其名字作为力的单位。教学时需要增强学生对力的单位的感性认识,增强学生对生活生产中常见力的大小的了解。

一、教学案例

[活动二]

1. 观看文字和图片,了解有关牛顿的介绍和力的单位。
2. 请大家用手托起两个鸡蛋来感受1 N力的大小,再利用课件展示一些图片让学生了解生产生活中常见力的大小。

二、案例评析

此种教学方式通过图片加文字的形式介绍牛顿,内容比较单一且拓展内容不够丰富。教师可以把牛顿的事迹做成视频,配以音乐,使教学方式多样化,更加有利于提升学生的学习兴趣,培养学生对科学家的敬仰之情,同时帮助学生树立为科学服务的意识,增强学习物理的兴趣。鸡蛋源于生活,有利于在学生头脑中建立1 N力大小的概念。但是,仅凭托起两个鸡蛋的例子,不利于学生把抽象的物理单位和生活实际中力的大小进行结合。教学中可以再从学生身边取材,并通过游戏等活动让学生体验力的大小,完善对于力的单位的认识。

三、教学建议

［活动二］

1. 用手托起实验室注明力的大小的教学物品，感受所用力的大小并与物体标签上的数值进行对比。

2. 互相背一背同组内的同学，感受所用力的大小，并与所提供的 50 kg 大米进行对比。

3. 阅读教材第 106 页"力的单位"部分，了解一些力的大小。

力的示意图

力的概念比较抽象，我们虽然能够感受到力却看不见它。为了形象直观地表示力的三要素，需要建构力的示意图模型。模型建构时需让学生明确如何通过力的示意图表示出力的三要素，进而通过完成力的示意图或判断示意图的正确与否来强化所建构的模型。

一、教学案例

［活动三］

1. 如何通过画力的示意图来体现力的三要素？
2. 完成练习。

二、案例评析

本案例的设计简单直接，通过大量练习巩固力的示意图的表示方法，强化所学知识的应用，能提升学生的成绩。但是，该方案没有引导学生认识到为什么要画力的示意图，进而去思考如何画力的示意图。通过对物理现象"去次取主""化繁为简"的处理，把反映研究对象的本质特征抽象出来，形成物理模型。学习力的示意图的过程其实就是建构模型的过程，通过分析简笔画，引导学生迁移联想，通过作图的方式来表示力的三要素。将原有的简笔画思维进行应有的发展和提升，从而达到对学生进行建模思想方法的培养。

三、教学建议

[活动三]

1. 力实实在在存在着,但我们看不见。思考:如何直观地把力表示出来?

2. 请大家讨论如何画力的示意图:如何表示力的作用点? 如何表示力的方向? 如何表示力的大小?

3. 请完成一些物体所受力的示意图,说说物体受到了哪些力,并分别说出这些力对应的三要素。

第三节 弹力与弹簧测力计

弹 力

弹力是生活生产中常见的力,如压力、支持力、拉力、推力等都是弹力,与学生的生活非常贴近。但初中学生很难把弹力与这些力结合起来,所以了解弹力产生的条件有利于学生把物理与生产、生活联系起来。

一、教学案例

[活动一]

1. 用手拉弹簧、压弹簧,使弹簧发生形状改变,谈谈你的感受。

2. 观看视频,说一说跳水运动员向下压跳板时,跳板发生了什么变化?

3. 从力的角度来分析弹簧、跳板在发生形变时两者受到了哪些力?

4. 谈一谈,为什么压力、支持力、拉力、推力也是弹力?

二、案例评析

本案例是通过学生的体验和观察,再结合学生的感受从而建立弹力的概念。

概念建构过程清晰简洁,教学目标达成度高,便于学生认识理解。但这样的教学设计缺乏教学的深度和宽度,使学生建构概念模型的能力没有得到充分发展。教师直接讲解压力等常见的力也是弹力,让学生失去了运用模型解决问题的机会。

在教学中可以通过设置生活中的情境,如比拉伸弹簧、挤压气球等游戏,引导学生从物理学的角度进行分析,从而建立弹力的概念。通过问题引导,让学生运用力的作用是相互的知识,进一步认识到手对弹簧的拉力、对气球的压力等都是弹力。同时,通过活动现象让学生区分弹性形变与非弹性形变。在活动中还可以设计拉弹簧用力大小不同时弹簧的弹性形变也不同的现象演示,为学习弹簧测力计的原理做好铺垫。通过观看一些常见力的图片,让学生迁移运用所学的知识去分析判断图中是否为弹力;通过列举日常生活的弹力实例,认识弹力的普遍性。

三、教学建议

[活动一]

小游戏:

(1) 进行拉弹簧、压弹簧比赛,比比谁的力气大。

(2) 用不同的力挤压气球。

(3) 用不同的力按压桌子。

完成以上活动,并说出看到的现象和感受。

方案中涉及的现象:

1. 都有形变发生,有的形变是变长、有的是变短;有些形变能恢复原状,有些不能恢复原状;有些形变明显,有些不明显。

2. 力的大小不同,形变不同。

3. 有推力、拉力、压力、支持力作用时都会发生形变。

完成下列问题:

(1) 手对弹簧施加拉力时手有无发生形变?手对弹簧的力是否为弹力?并解释。

(2) 手按压桌子时,手有无发生形变?桌子对手有无弹力?并解释。

(3) 列举生活中的弹力实例。

弹簧测力计

弹簧测力计是初中阶段学生需要熟练使用的测量工具。由于弹簧测力计原理简单、容易理解，构造简单、制作方便，适合在教学中引导学生一起制作，以培养学生的创新能力。

一、教学案例

［活动二］

1. 用大小不同的力拉弹簧，并观察弹簧的伸长情况。
2. 在弹簧下挂不同的钩码，观察弹簧的伸长情况。

教师补充胡克定律，让学生认识理解弹簧测力计的原理。在课堂上播放相关图片，让学生了解弹簧测力计的构造及多种测力计。

二、案例评析

本案例的教学设计直接明了，便于学生理解弹簧测力计的使用方法和基本原理。教师补充胡克定律及介绍多种测力计，注重了对所学知识的拓展，也注重了知识的深度。但教学中教师过于偏重知识的讲解，学生的动手能力没有得到锻炼。

可以在前面实验的基础上改变思路，引导学生去探究拉力与弹簧形变的长度有什么关系。通过设置问题及动手实验完成探究，既培养了学生的证据意识、科学推理意识，又进一步通过对问题的思考引导学生认识到可以根据弹簧伸长的长度来判断拉力的大小，意识到弹簧可以做成测量拉力大小的工具。再通过讨论问题，引导学生动手制作弹簧测力计。在制作的过程中，可以让学生理解弹簧测力计的原理、构造，同时又明白每个构造的作用。此外，也为了解弹簧测力计的使用规则、正确使用弹簧测力计做好铺垫。在整个动手制作弹簧测力计的过程中，学生的动手能力和创新思维能力都得到了培养。

三、教学建议

［活动二］

1. 提出问题：弹簧受到的拉力跟弹簧的伸长有什么关系？

2. 讨论问题：如何改变拉力的大小？如何测量弹簧伸长的长度？需要哪些工具？

进行实验：学生根据图 6-6(a)、(b)进行实验，并记录数据，在图 6-6(c)中画出 Δl-F 图像。

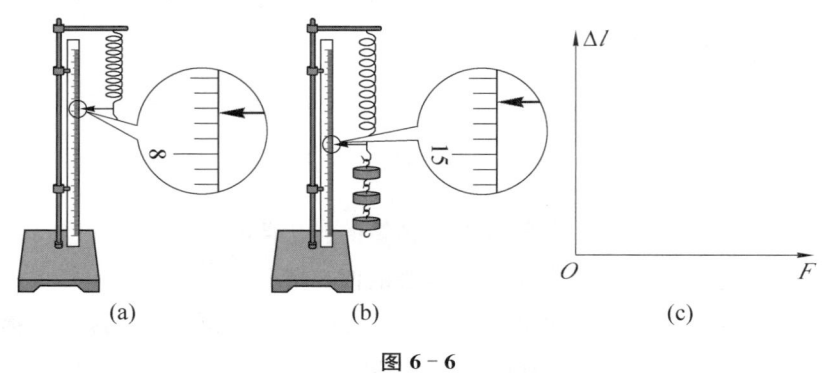

图 6-6

根据 Δl-F 图像，得出结论。

制作弹簧测力计。

3. 讨论问题：

(1) 弹簧测力计有没有测量限度？如何保护测力计不受损？

(2) 弹簧测力计水平使用前与竖直使用前，弹簧的长度是否相同？

(3) 施力时应注意什么？

正确使用弹簧测力计

弹簧测力计的正确使用是初中学生的必备技能，而了解弹簧测力计的使用规则是正确使用的前提。课堂中需要学生通过使用测力计进行多次测量以提高技能，为后面探究重力、摩擦力、浮力做好技能准备。

一、教学案例

教师根据教材提供的弹簧测力计使用规则，给学生讲解每条规则所包含的物理学意义。

[活动三]

使用弹簧测力计测量头发拉断时所用力的大小，以及测量拉动木块等物体的拉力。

二、案例评析

本案例可以让学生理解掌握弹簧测力计每条规则的含义，通过训练提高学生的动手操作能力。但这种思路限制了学生阅读信息、提取信息、解读信息的能力，自主研学的能力也不能得到充分的发展。因此在教学中可以放手让学生自己阅读、总结弹簧测力计的使用规则，在前面制作弹簧测力计的基础上，学生会比较容易提取有用的信息。同时也渗透了每种测量工具都有使用时的规则意识和安全意识，要养成阅读使用说明书的习惯。通过让学生使用弹簧测力计测量各种不同的力，进而迁移使用其他种类的测力计，既锻炼了学生迁移运用使用各种不同测力计的能力，又让学生了解了生活中各种力的大小，增强了对各种力的大小的感性认识。

三、教学建议

[活动三]

阅读弹簧测力计的使用规则，并回答以下问题：

1. 手中所用弹簧测力计的量程和分度值分别是多少？
2. 使用弹簧测力计前为何要校零？水平使用与竖直使用时校零有何不同？

根据图 6-7 练习使用弹簧测力计。

1. 用手拉弹簧测力计，感受 1 N、5 N、10 N 力的大小。
2. 把细棉线拴在弹簧测力计上，观察细棉线被拉断瞬间拉力的大小。
3. 用两个弹簧测力计在水平方向上反向拉（图 6-8），随着拉力的变化，观察弹簧测力计示数的变化并尝试解释原因。

迁移应用：使用握力计测量自己的握力，和同学比一比谁的握力最大。

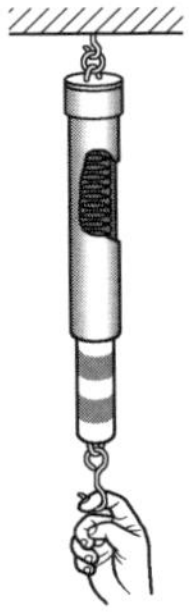

图 6-7

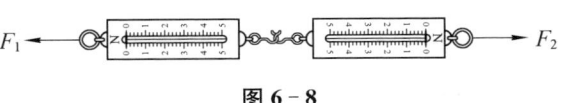

图 6-8

第四节 来自地球的力

重力的大小

重力大小的探究是学生认识重力与质量关系的重要实验,也是学生初学物理后提升分析数据能力的重要实验。该实验相对比较简单,学生较容易完成,因此应该把实验的重点放在如何学会分析数据上,有利于提升学生对实验数据的科学分析和思考能力。

一、教学案例

[活动一]

1. 用手掂一掂大小不同的两个钩码,说出两者的重力有何不同?

2. 物体的重力大小与什么有关?(学生会说出重力的大小与质量有关,由此提出探究问题后,引导学生进行实验)

3. 进行实验:

钩码个数	钩码质量 m /kg	钩码重力 G /N	物重与质量的比值 g /N·kg^{-1}

(1) 测量物体的质量和重力,收集证据,填入教师已经设计好的表格。

(2) 分析数据,可以得出什么结论?

（3）如何用数学表达式来表示重力与质量的关系？

4. 教师对 g 作出解释。

二、案例评析

教学案例通过教师设置的教学情境直奔探究主题，显得简单直接。然后通过实验直接求算物重与质量的比值，从而顺利得出结论。很显然的优点：① 可以直接从实验室中拿取实验器材，比较方便，且所挂钩码的变化存在倍数关系，有利于学生获得数据和发掘规律；② 教师在所给的数据表格中直接给出第 4 列，要求学生求算物重与质量的比值，便于顺利得出实验结论；③ 能够培养学生的合作意识和操作能力。但也存在一些缺点，如教师直接要求学生求算物重与质量的比值，学生处于被动学习状态，不懂为什么要求算比值，这么做不能够锻炼学生处理数据的能力，学生也没有真正经历发现物重与质量成正比的过程。教师应该先向学生讲解求比值处理数据的方法，再与学生一同验证结论。

对于本案例，要提升学科素养，可以在选材和实验数据的处理方面给学生留有足够的空间。让学生从与生活贴近的物体去感受物理就在身边，通过运用数学工具处理数据发现物理规律，重演物理知识、物理规律的发现过程，提升科学思维能力，逐渐建构重力的大小模型。

三、教学建议

[活动一]

测量盒内物体的重力并记录，分析物重与质量之间的关系，并将分析理由写在下表的第 4 列。

物　体	质量 m/kg	物重 G/N	

实验时，可以选择学生身边的物品，例如苹果、大米、沙土等，先用天平测出其质量提供给学生，并进行分类分组。

重力的方向

在学生的认知里,重力的方向向下,但学生并不能够进一步准确描述重力的方向。大多数学生会认为"向下"应该是"与地面垂直",要纠正学生的错误认知并树立正确的认知是本部分的重点和难点。

一、教学案例

[活动二]

在教学中教师通常先让学生描述重力的方向,再用细线系住钩码等重物,通过使用三角板比较桌面水平时和桌面倾斜时细线与桌面的关系来理解"竖直向下"的含义。

二、案例评析

本案例通过演示可以让学生正确理解"竖直向下"的含义,通过两次对比使学生产生了认知冲突,但没有解决该认知冲突。在理解"竖直向下"的过程中没有先引导学生想办法显示重力的方向。实验不够全面、完整,对比不够鲜明,无法在学生的头脑中真正建构起"竖直向下"的观念。学生缺少建构知识和深度思考的过程,对"竖直向下"的理解不够深刻。正确认识重力的方向模型后没有及时应用模型去解决问题,对"竖直向下"的理解仅仅停留在表面,没有给学生留下深刻的印象。

物理模型是理论知识的一种初级形式,将我们研究的物理对象或物理过程、情境通过抽象化、理想化、简化和类比等方法,构成一个概念或规律的体系,形成物理模型。而重力的方向就是在建构、完善重力模型过程中必不可少的一步。教师展示高频摄像机拍摄的苹果下落时的照片(图6-9),引导学生认识运动的苹果的动态轨迹,从而显示重力的方向。教师再用细线系住苹果后松手,提示学生认真观察随着苹果下落细线的情况(图6-10),引导学生想到用细线显示重力的方法。教师进行演示,用三角板测量在模拟地面——桌面水平和倾斜时细线与"地面"的关系(图6-11),从而产生细线与"地面"并不是总是垂直的认知冲突。接着教师端出方形水槽,用三角板分别验证"地面"倾斜与不倾斜时细线与"水平面"的关系。学生会发现两者"总是垂直",从而解决认知冲突,修正对

"竖直向下"的理解(图 6-12)。最后再通过生活生产中的应用实例来进行解释,达到加深理解、迁移应用的作用。

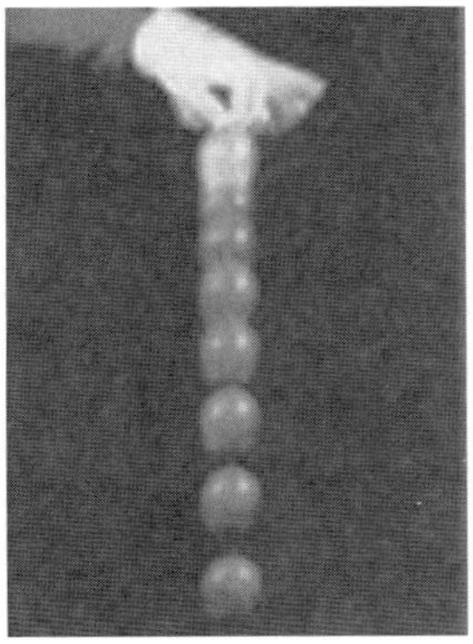

图 6-9

图 6-10

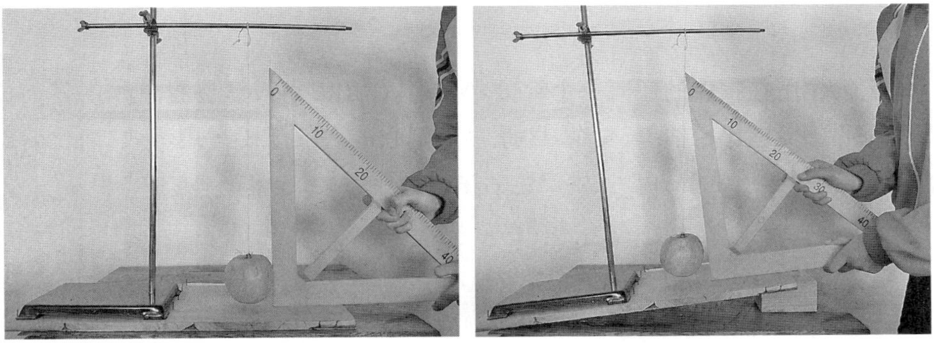

(a) 桌面不倾斜　　　　　　　(b) 桌面倾斜

图 6-11

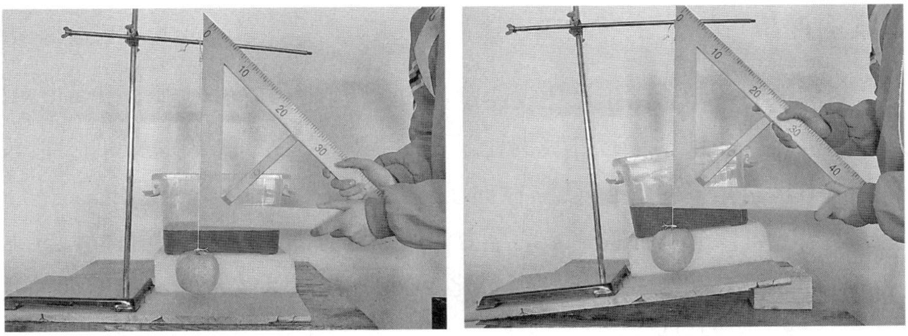

(a) 水槽不倾斜　　　　　　　(b) 水槽倾斜

图 6-12

三、教学建议

[活动二]

1. 根据常见的重力现象，请同学们尝试初步描述重力的方向。
2. 简单解释垂直向下与竖直向下的区别。
3. 根据教师的演示请大家讨论如何把重力的方向显示出来。
4. 细线的方向与重力的方向有什么关系？可否借助研究线的方向来研究重力的方向(图6-10)。
5. 根据重力的方向，试一试使用重垂线如何检查桌腿是否竖直，桌面是否水平，并解释其中的道理。

重力的作用点——重心

重力作用在物体的任何一个部分，所以其作用点可以认为是物体的任何位置。重心的概念比较抽象、复杂，因此对于重心的讲解就要运用等效、简化的思想，并且要让学生了解重心在生产生活中的重要意义。

一、教学案例

[活动三]

教师直接讲授重力的作用点——重心，并要求学生尝试用平衡法、悬挂法寻找较薄物体的重心。

二、案例评析

本案例中的教学思路相对比较注重如何去寻找重心，但忽视了物理思想、物理方法的引导。并且没有通过实例让学生认识到重心的重要性及可变性，没有在学生脑中建立完整的重心概念，倾向于应试教育。

在教学中可以通过寻找苹果的重力作用点的方式，让学生亲身体验、亲眼看到，把抽象问题形象化、复杂问题简单化，同时指出生活生产中有时需要简化重力作用的位置，例如可以认为苹果所受的重力作用在苹果的某一个点。那么，这个具有代表性的点在苹果的哪个位置比较合适呢？组织学生讨论，逐渐建立重心的概念，并要求学生积极寻找身边物体的重心，感受重心的位置。要求学生说出规则物体的重心位置（几何中心），由实心球与篮球的对比得出有些物体的重心也可能不在物体上。由远及近，引导学生寻找重心的位置。进一步指导学生完成"贴墙"游戏，通过学生的亲身体验让学生想到我们的重心位置也会发生改变，来完善对重心的理解。教师再介绍一些有关重心的神奇图片，让学生欣赏，领悟重心在我们的生活生产中有很重要的意义。

三、教学建议

[活动三]

1. 如果可以认为苹果所受的重力作用在苹果的某一个点，则这个具有代表性的点在苹果的哪个位置比较合适呢？
2. 学生讨论，逐步建立重心的概念。
3. 判断重心的位置：如图 6-13 所示，指出下列物体的重心位置。
4. 两人一组请按照图 6-14 所示完成"贴墙"游戏。

  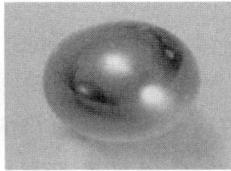 

图 6-13

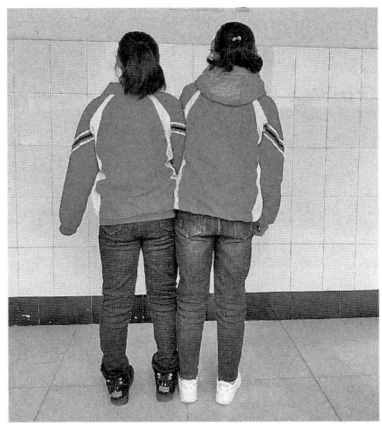

"贴墙"游戏

图 6-14

5. 欣赏图 6-15，领悟重心的奇妙。

图 6-15

第五节 科学探究：摩擦力

摩擦力

摩擦力广泛存在于人们的生活生产中，学生非常熟悉。摩擦可以分为静摩擦、滑动摩擦和滚动摩擦。因摩擦力的产生原因复杂，因此在教学中不宜涉及，只需要让学生初步感知各种摩擦的存在，且重点认识滑动摩擦力。

一、教学案例

[活动一]

比赛拿瓶子，比一比谁更容易拿起瓶子。（一个瓶子未抹油容易被拿起，另

一个瓶子抹了油不易被拿起)

通过对比分析原因,引导学生建立滑动摩擦力的概念。

二、案例评析

这种方案富有趣味,可以有效激发学生的学习兴趣,有利于建构滑动摩擦力的概念,且为探究影响滑动摩擦力的因素做好了铺垫。教学设计指向性强,不绕弯路,但是这种为教学而设计的教学情境,没有来源于学生的真实生活,学生不能有效地把物理和生活联系起来,且此教学设计只涉及了滑动摩擦,没有静摩擦和滚动摩擦,以致在学生头脑中建立的摩擦概念不完整。为了建立完整的摩擦概念,教学中可以再增添比赛"筷子提大米"的游戏,如图6-16(a)。通过体验初步认识摩擦,再分析图6-16(b)汽车行驶、图6-16(c)用铅笔写字中的摩擦,进而要求学生列举生活生产中存在摩擦的实例,分析并引导学生了解并尝试区分三种摩擦。列举实际生产生活中存在的静摩擦、滚动摩擦、滑动摩擦等实例,从而丰富和完善学生对摩擦力概念的认识。注意培养学生摩擦力无处不在、物理无处不在的物理观念,再进一步通过如图6-17所示的几个小实验,逐渐建立滑动摩擦力的概念。

(a) 筷子提米

(b) 汽车行驶

(c) 铅笔写字

图 6-16

三、教学建议

[活动一]

1. 比一比,看谁能做到:提着大米保持静止,轻松拿起瓶子。结合分析,对比图6-16说说你知道有哪些摩擦?

2. 按照图6-17所示,做一做下面的实验。

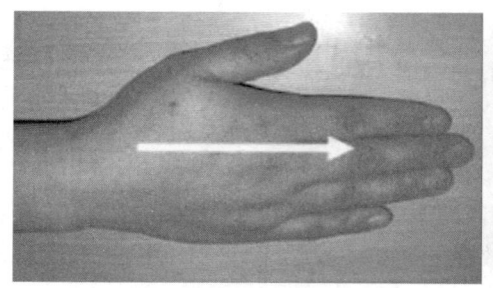 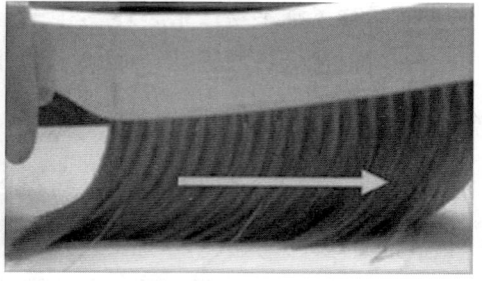

(a) 手放在桌面上滑动　　　　　　(b) 使刷子在桌面上滑动

图 6-17

思考讨论：

1. 手在桌面上滑动时，手受到的这个力对手的运动起什么作用？
2. 刷子滑动时，观察刷毛向哪弯？说明了什么？
3. 根据上面的实验，你能描述什么是滑动摩擦力吗？

（给学生充分的表达空间，教师适当点拨、引导，一起探讨建构滑动摩擦力的概念）

滑动摩擦力与哪些因素有关

相比静摩擦、滚动摩擦，滑动摩擦较为常见、较易理解，且容易研究。探究影响滑动摩擦力的因素有利于为以后探究静摩擦力、滚动摩擦力提供思路和模型。探究时需要学生运用控制变量法、转换法设计实验，通过小组实验提高动手能力、合作能力，培养证据意识，提高科学论证能力。

一、教学案例

［活动二］

提出问题：

（1）影响滑动摩擦力的因素有哪些？

（2）运用什么方法来研究这些影响因素？

（3）需要哪些器材？如何进行实验？

（4）通过分析可以得出哪些结论？

二、案例评析

本案例中进行实验的时间比较充足,培养了学生的证据意识。教师指导学生进行分工,明确实验任务,使学生认识到进行实验时要做到在水平方向匀速拉动和读数必须同步进行,培养学生主动合作的意识;读数时要求学生正确读数,不能编造数据,培养学生实事求是、尊重事实的科学态度,同时为得出正确结论提供了充分的事实依据。但是整个教学过程也不免失去了很多提升学生核心素养的机会。首先在进行猜想时,学生没有解释猜想的合理性,也没有用实例支持;研究如何测量滑动摩擦力时,"转换法"的运用没有经历学生的思维过程,造成学生被动学习。

为了提升学生的学科素养,建议可以将学生分成几个大组分别进行指导。引导学生针对压力、接触面粗糙程度、接触面面积等多个因素开展实验探究,收集实验数据,进行数据共享,以此培养学生的证据意识和多渠道收集证据的能力。这样也更加有利于培养学生的合作能力、团队意识和集体观念。虽然学生们所做的实验不同,但都经历了整个探究过程,从而建构了探究滑动摩擦力影响因素的方法模型。

三、教学建议

[活动二]

1. 提出问题:你认为滑动摩擦力的大小可能与哪些因素有关?
2. 猜想与假设。

(1) 做一做。

① 先将手放在桌面上滑动,再用力压在桌面上滑动,感受并比较两种情况下摩擦力的大小。

② 把手分别放在普通桌面和铺有毛巾的桌面上滑动,感受并比较两次摩擦力的大小。

(2) 根据上面的活动和你的生活经验,提出你的猜想并说出依据。

3. 设计实验与制订计划。

(1) 议一议:设计实验验证我们的猜想,需要解决以下问题。

① 实验的研究方法是什么?

② 如何测量滑动摩擦力?

③ 如何改变压力大小?

④ 如何改变接触面的粗糙程度?

学生讨论后会发现不能直接测量滑动摩擦力。

（2）设计实验方案。

转换法的渗透：教师可以在学生讨论的基础上，给出学生方案——使用弹簧测力计在水平方向匀速拉动木块。

引导学生制订实验方案。

4. 进行实验与收集证据。

教师分配任务，学生自选器材，进行实验。

实验器材：木板、长方体木块、金属块、弹簧测力计、棉布、毛巾等。

多组学生同时进行实验并把数据填入下表，数据共享。

探究压力大小对滑动摩擦力大小的影响

实验序号	压力大小 F（填"大""较大"或"小"）	摩擦力 F_f/N
1		
2		
3		

探究粗糙程度对滑动摩擦力大小的影响

实验序号	接触面粗糙程度	摩擦力 F_f/N
1		
2		
3		

探究接触面积对滑动摩擦力大小的影响

实验序号	接触面的面积 S（填"大""较大"或"小"）	摩擦力 F_f/N
1		
2		
3		

探究速度对滑动摩擦力大小的影响

实验序号	速度 v(填"大""较大"或"小")	摩擦力 F_f/N
1		
2		
3		

5. 分析论证。

分析实验数据，得出结论。

6. 评估交流。

交流：小组之间进行交流，对比得出正确的结论。

同组内进行评价并互相补充，评估本组的实验情况，说出针对实验情况及问题采取了哪些解决措施。

增大摩擦和减小摩擦

生活生产中应用摩擦力的例子很多，因此根据实际需要改变摩擦力也是必然的。迁移利用所学知识解决问题是提升学生核心素养的重要要求。

一、教学案例

［活动三］
教师直接提问增大或减小摩擦力的方法，学生根据所学回答，并结合实例判断采用了哪些方法来改变摩擦力。用课件播放变滑动为滚动，采用油膜、气垫等方法来减小摩擦的视频并讲解。

二、案例评析

本案例要求学生直接运用所学知识思考改变摩擦力的方法，提高了学生运用知识的能力。但这样教学容易造成理论与实际的脱钩，在解决实际问题时学生可能束手无策，不利于发展学生知识的运用能力、理论联系实际解决问题的能力。对于变滑动为滚动，采用油膜、气垫等方法来减小摩擦，教师采取直接讲解的方式不利于学生理解掌握知识,没有真正拓展学生的视野,不能真正完善学生头脑中的摩擦力的概念及其影响因素。教学时可以把直接讲解变为提出问题,引导学生思考或者动手做一做,这样可以变被动接受为主动思考,既提升了学生应用知识解决问题的能力,又能使学生树立物理源于生活又应用于生产的思想。最后再结合影响摩擦力的因素,从理论上进一步掌握改变摩擦力的方法。

三、教学建议

[活动三]

思考讨论如下问题:

(1) 汽车轮胎上有很深的花纹,花纹的设计是好还是坏?为什么?

(2) 系紧鞋带可防止鞋带脱落,说出依据。

(3) 小夏推不动木箱,我们可以帮他想出哪些办法呢?做一做,并说出理由。

(4) 磁浮列车高速行驶时,会和轨道之间有约 1 cm 的距离,这样设计的好处是什么?

根据以上事例,归纳出改变摩擦力的方法并举例说明。

第七章
力与运动

　　力和运动都是生活中常见的现象,力和运动的概念学生也都已经学过。这一章主要学习力与运动的关系,建立力与运动之间的联系,通过牛顿第一定律的学习,构建出基本的力学模型,初步建立运动和力的相互作用的内在联系。在本章物理知识学习的过程中,可以培养学生科学推理、科学论证和质疑创新等核心素养。

第一节 科学探究：牛顿第一定律

牛顿第一定律

力和运动的关系是动力学的基本问题，人类正确认识这个问题经历了漫长的探索过程。在物理学发展史上，伽利略首先推翻了亚里士多德错误的力学观点，牛顿继承了伽利略的研究成果，提出了"牛顿第一定律"，这一定律是经典力学理论的前提和基础。

一、教学案例

[活动一]

认识伽利略的理想实验。

1. 物体的运动需要力来维持吗？

2. 阅读教材第 125 页了解亚里士多德与伽利略的观点有什么不同？伽利略的理想实验可以使我们认识到什么？

3. 你认为亚里士多德与伽利略，谁的观点正确？并说出理由。

[活动二]

探究阻力对物体运动的影响。

1. 完成教材第 126 页的实验，能得出哪些结论？

2. 如果水平面绝对光滑，小车运动至水平面后会怎样？可以推理得出什么结论？

3. 阅读教材第 128 页牛顿第一定律的内容，谈谈你对牛顿第一定律的理解。

4. 伽利略的理想实验与牛顿第一定律都采用了什么研究方法？

二、案例评析

教师通过展示生活中常见的运动现象,引出亚里士多德的观点与伽利略理想实验的结论存在矛盾冲突,激发学生的探究欲望。在教师指导下让学生进行实验探究,利用提问的方式引导学生在实验探究的基础上,推理并表述出牛顿第一定律的内容。教师指明伽利略理想实验和"阻力对物体运动的影响"的实验都利用了理想实验法,帮助学生认识到:力的作用效果是改变物体的运动状态,而物体不受力时则保持静止或匀速直线运动状态。

此教学设计对科学史的讲述比较简单,科学精神和科学思维凸显不够。学生在学习知识的同时,体验了科学探究过程。但学生构建物理模型的过程不清晰,模型构建不牢固。学生虽经历实验探究,但对科学思维能力的训练不多,通过改进可进一步提升学生的核心素养。在自然科学的理论研究中,"理想实验法"作为一种抽象思维的方法,可以使人们对实际的科学实验有更深刻的理解,能进一步揭示出客观现象和科学规律之间内在的逻辑关系,并由此得出正确的结论(这种结论不能直接从实验得出)。这是一种科学的理论研究方法,广泛应用在物理学及其他学科中。教学中可以通过设计问题适当加强概念和思维方法的培养,让学生充分思考和讨论,切实理解伽利略和牛顿在探究问题时采用的理想实验方法,体会科学推理在科学研究中的作用,掌握牛顿第一定律的内容和实质,从而提高学生的科学推理能力。

充分利用科学史料,培养学生的科学态度与社会责任感。介绍伽利略、牛顿等科学家的事迹,让学生感受科学家研究问题的方法和严谨认真、实事求是的科学态度。

三、教学建议

[活动一]

初步认识力与运动的关系。

1. 如图 7-1 所示,做一做:推动地面上的箱子,向木板中钉钉子。
2. 通过以上尝试,你认为运动的物体为什么会最终停下来?力与运动有何关系?
3. 阅读教材第 125 页有关亚里士多德的观点、伽利略的理想实验。小组交流讨论,根据对运动和物体相互作用的认识,指出交流中有关说法的不当之处并能提出自己的见解。在教学中渗透科学研究方法,培养学生的科学思维,鼓励学生勇于质疑,敢于表达自己的观点。

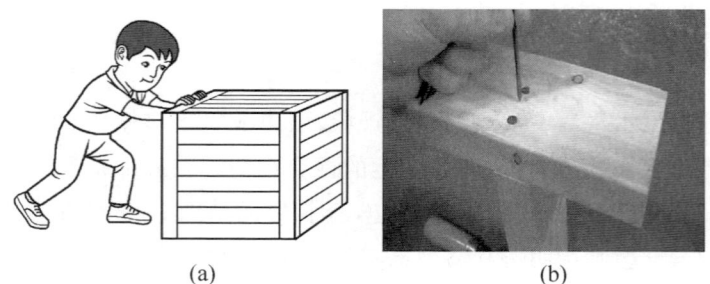

图 7-1

教师适当补充有关亚里士多德、伽利略和牛顿的个人材料,使学生理解人类认识的局限性,并引导学生对科学家的贡献作出客观的评价。

[活动二]

深入探究力与运动的关系。

1. 提出问题。

(1) 物体的运动受哪些因素的影响?

(2) 当物体的运动速度一定时,阻力的大小与物体运动的距离之间有什么关系?

2. 制订计划与设计实验。

(1) 采用什么研究方法?如何控制速度的大小相等?

(2) 如何记录距离的大小关系?

3. 进行实验与收集证据。

使用如图 7-2(a)所示的装置进行实验,实验结果如图 7-2(b)所示。

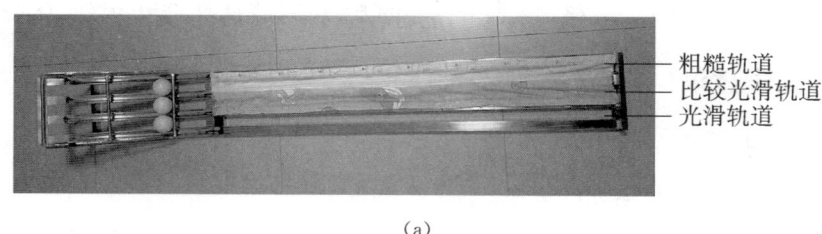

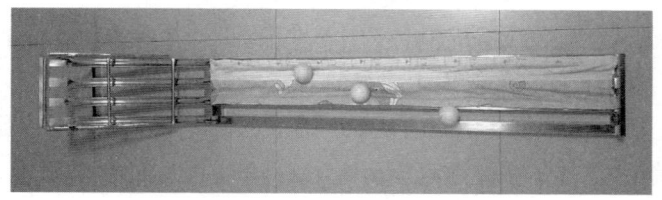

图 7-2

4. 分析与论证。

其他条件相同时,物体所受的摩擦力越大,运动的距离越小。

5. 交流与讨论。

(1) 如果水平面绝对光滑,小球将做什么运动?

(2) 如图7-3所示,当静止在手掌上的盘子受到的所有外力同时消失,分析盘子会如何运动? 并说出你的理由。

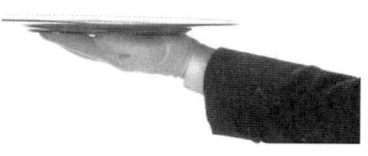

图7-3

惯　性

惯性是物体的一种属性,但是学生往往会误认为惯性是一种力。学生对惯性概念不易理解。在生活生产中存在很多人们利用惯性的例子,同时也存在许多为了减小惯性带来的危害而采取的措施。人们对于惯性的认识依赖于惯性定律的建立,对于力的认识依赖于对物体运动状态改变的认识。惯性概念的认识经历了人类对客观现象的"认识—思考—理解"的漫长过程。

一、教学案例

〔活动三〕

认识惯性。

1. 任何物体在不受外力的情况下,都能保持静止状态或匀速直线运动状态吗? 这种"本领"是每个物体都具有的吗?

2. 完成教材第128页的惯性小实验,分析硬纸片被弹出后,砝码为何会落在支架上?

3. 完成教材第129页"迷你实验室"中的实验,思考硬币为何会落入杯中?

4. 观看微课,说说生活中人们是如何利用惯性,又是怎样预防惯性造成危害的。教师讲解物体惯性的大小由物体的质量来决定。

二、案例评析

惯性是物体的一种属性,概念比较抽象,课堂上通过提问让学生认识惯性。再让学生自己进行实验,既有利于提高学生的操作能力,也能提高学生的分析能力。但是在这样较大的课堂容量下,学生很容易处于被动的接受状态,不易真正理解惯性的概念,导致概念学习的片面性,造成对惯性概念的建模不成功、不完整的结果。通过做教材中的实验并解释实验现象,可以提高学生的表达能力。但是学生解决问题的能力没有得到及时的提高和锻炼,不利于学生科学思维能力的发展。

为了提升学生的物理学科素养,在教学中可以先提出问题,让学生去解决,再让学生逐渐认识到每个物体都具有保持运动状态不变的性质,从而认识惯性。然后让学生对所做实验现象进行解释,既能加深对惯性的理解,又能提高学生的分析和表达能力。教学中让学生知道惯性是物体的一种属性,一切物体在任何状态下都具有惯性。让学生认识到惯性现象在实际生活中随处可见,并能运用物体的惯性解释自然界和生活中的有关现象,还能认识到惯性有利也有弊,如果合理利用,它会使我们的生活更加美好。明确惯性概念,理解惯性现象,合理地利用物理知识来造福社会、造福人类,不仅是物理学家的志向,也是所有同学的心声。以小组竞赛的形式,组织学生尽量多地举出生活中利用惯性的实例,以及如何预防惯性造成危害的现象,并作出相应的解释。在这个过程中,可以使学生认识到事物的对立与统一,让学生感受物理现象就在我们身边。

三、教学建议

[活动三]

认识惯性。

1. 如图7-4(a)所示,小车上有一长方体木块,让小车突然启动、加速、减速或突然停止,请认真观察木块是向前倾倒还是向后倾倒?并尝试进行分析。

2. 如图7-4(b)所示,小车上放一杯水,请尝试如何操作可以实现不触碰杯子,就能使杯中水面发生变化。

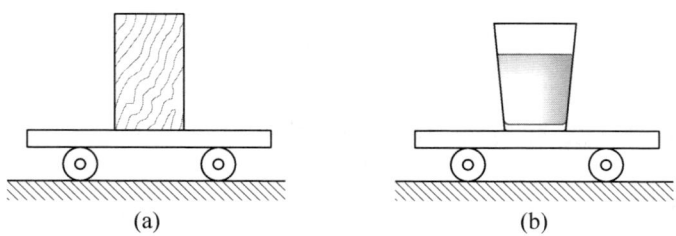

图7-4

3. 把木块从小车上拿下,用力推出小车然后松手,观察小车的运动状态并解释。

4. 阅读教材第 128 页有关"惯性"的内容,谈谈你对惯性的理解。

5. 观看一段包含各种惯性现象的视频,分析视频中的现象并解释。如运用惯性解释汽车刹车、转弯时车内可能发生的现象,讨论系安全带等保护措施的必要性。

6. 你能对上述这些现象进行分类吗?惯性给人们带来的是好处还是危害?

7. 列举生活生产中的惯性现象。同学们认为物体的惯性有大小吗?

第二节 力的合成

合 力

对于合力的认识是基于"作用效果"这一物理思想,并由此提出合力与分力的概念。通过现象让学生感受"等效",再进一步认识"等效替代",从而去理解分力与合力。教学应加强与实际情境的关联,突出基于真实情境的问题解决。如图 7-5(a)中一匹马对车的作用效果与图 7-5(b)中两匹马对车的作用效果是等效的。

图 7-5

一、教学案例

[活动一]

提水桶。

1. 观察图 7-6,分析提水桶的两种情况中,效果是否相同?可否用力 F 替代力 F_1 和 F_2?

图 7-6

2. 阅读教材第 131 页有关合力与分力的内容,谈谈你对合力与分力的认识。
3. 列举生活生产中的有关合力与分力的现象。

二、案例评析

以上设计简单、便捷,可以节省教学时间。就知识点而言,学生准确地理解合力的概念难度不大。但此种设计不能较好地达到核心素养的要求,没有让学生经历思维的过程,缺乏思维方法的引导,不利于科学思维的发展,不能很好地理解等效替代法,更不能完整地建立合力与分力的概念。"等效替代法"是物理学中最重要、最常用的思想方法之一,是把复杂的物理现象、物理过程转化为简单的物理现象、物理过程来研究和处理的一种科学思想方法。在中学物理中,重心、合力与分力、合运动与分运动、热功当量、平均速度、总电阻与分电阻、平均值、有效值等,都是利用"等效替代法"来进行研究和学习的。建议在课堂上注重强调思维方法的引导,认识等效替代法对物理学科的重要作用。教师可从力可以使物体的形状和运动状态发生改变的角度设计教学,提出多个问题,并为学生提供一个交流、合作的平台,促使学生在问题解决中主动运用知识。教师在教学活动中以问题为线索,让学生在问题情境中探索和发现知识,掌握技能,发展创新思维,进而通过对比让学生理解等效替代法。

三、教学建议

[活动一]

1. 将三位同学分成两组,运用如图 7-6 中所示的方式提起同一个水桶至同一位置。

2. 思考下列问题。

(1) 从"作用效果"的角度思考,两种情况下提水桶的效果相同吗?

(2) 从"等效替代"的角度思考,三个同学所施加的力哪一个是合力?哪一些是分力?

3. 怎样可以推动人力车?怎样可以把一根粗弹簧压缩到指定位置?这些不同的方案中,作用效果相同吗?能否互相替代?

4. 列举你所知道的合力与分力可以等效替代的现象。谈谈你对合力与分力的认识。

5. 阅读教材第 131 页,说说合力与分力的概念。

同一直线上二力的合成

生产生活中存在很多分力与合力可以等效替代的现象,往往分力的个数不同,分力间的角度也不同。最简单的情况是:物体只受到作用在同一条直线上的两个分力。教师应关注学生的认知特点,由浅入深、循序渐进地引导学生先探究同一直线上合力与分力的关系。

一、教学案例

[活动二]

探究同一直线上二力的合成。

1. 学生分组实验,完成教材第 132 页的"实验探究"。

2. 交流讨论,从大小和方向的角度分析得出同一直线上合力与分力的关系。

二、案例评析

该方案让学生按照教材的步骤进行自主探究,在效果相同时收集数据、分析与论证,能够比较顺利地得出实验结论。但是从培养物理核心素养的角度看,学生的获得比较被动,没有经历设计实验的思维过程,没有开发创新能力。且各小组实验相同、单一,不够丰富,建议给学生提供足够的空间,引导学生设计多种形式的实验,同时使结论的获得可以具有普遍性。在运用二力合成解决问题时,建议增加合外力为零的情况,这样既能提高学生的分析能力,同时还强化了对牛顿第一定律的理解,也为学习第三节"力的平衡"作出了铺垫。进一步让学生讨论、理解:(1)合力的概念是建立在"等效"的基础上,也就是合力替代了分力,因此合力不是作用在物体上的另外一个力,它只不过是替代了原来作用的两个力,不要误认为物体同时还受到合力的作用;(2)两个力合成的条件是这两个力须同时作用在一个物体上,否则求合力无意义。

三、教学建议

[活动二]

探究同一直线上二力的合成。

1. 提出问题。

同一直线上二力合成时,合力与分力有何关系?

2. 猜想与假设。

合力大于分力;合力小于分力;合力等于分力。

3. 制订计划与设计实验。

可参考如图7-7中所示的实验方案。

(1) 采用什么研究方法?

(2) 分力方向的关系有几种可能?

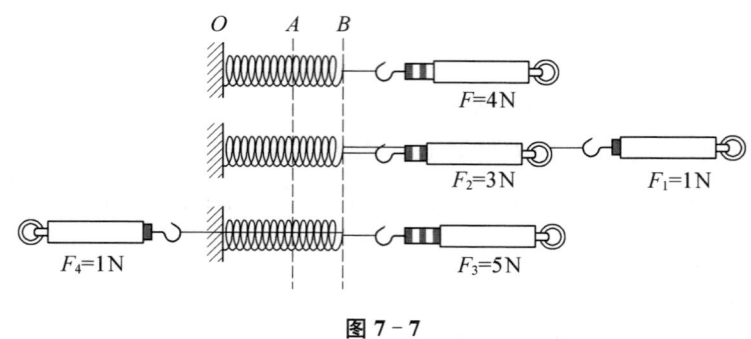

图7-7

4. 进行实验与收集证据。

每次实验时,不要超出弹簧的弹性限度。将数据填入下面的表格内。

力的要素 \ 力	分力 F_1	分力 F_2	分力 F_3	分力 F_4	合力 F
大小					
方向					
是否在同一直线上					
作用效果					

5. 分析与论证。

（1）_____。

（2）_____。

6. 交流与评估。

_____。

7. 若某物体所受合外力为零，能否等效为该物体不受外力的作用？牛顿第一定律适用于月球上的物体吗？

第三节　力的平衡

二力平衡

平衡状态是物体运动的一种特殊状态，处于平衡状态时物体所受的力为平衡力。平衡状态和平衡力是我们求解力学问题的切入点和突破口，因此正确理解平衡状态和平衡力的概念至关重要。

一、教学案例

［活动一］

1. 请同学们观察一组图片,并对图片中的物体所处的状态进行分类。

2. 根据牛顿第一定律,物体不受力的时候会保持静止或匀速直线运动状态吗?

3. 图片中的这些物体是不是不受力的作用?

4. 阅读教材第 135 页有关平衡状态和平衡力的内容,谈谈你对两者的理解。

二、案例评析

通过多媒体呈现的物理情境多种多样、非常丰富,有利于学生进行总结归纳。平衡状态包括静止和匀速直线运动。根据所学牛顿第一定律,运用逆向思维使学生正确认识处于静止状态或匀速直线运动的物体也可以受到力的作用,从而逐渐理解平衡状态和平衡力。这样设计符合学生的思维特点,容易建构平衡状态和平衡力的概念。但是整个设计的思维台阶跨度稍大,概念建构不够深刻、完整,尤其是在生产生活中匀速直线运动很少看到,而且列举的匀速直线运动的情境不够直观,不能较好地体现学生的主体地位。在教学中,建议多举例或进行简单的实验,让学生积极参与,给他们留出恰当的时间和空间,鼓励他们发现问题,提出问题。培养他们分析现象和对概念理解的能力,进而培养学生研究事物时应从最简单的情形开始,再逐渐走向复杂的思维过程。最后,进一步引导学生探究二力平衡的条件。

三、教学建议

[活动一]

请同学们观察"僵持的'人象大战'""匀速直线运动的汽车",思考:

1. 不受力的物体会保持静止或匀速直线运动吗?

2. 图片中的"人""象""汽车"受到力的作用了吗?

3. 图片中的"人""象""汽车"是否可以等效为不受力的作用?

4. 阅读教材第 135 页有关平衡状态和平衡力的内容,列举生活中处于平衡状态物体的例子。

5. 你能设计一些处于匀速直线运动的实验吗?并说出这些物体受哪些力的作用。

6. 物体如果只受到一个力的作用,能处于平衡状态吗?

7. 处于平衡状态的物体至少受到几个力的作用?

二力平衡条件

"二力平衡条件"是一个非常严谨的力学基本规律,是进一步学习功、能、机械能守恒等物理知识的基础,是力学知识的一个基石。通过本环节的教学,能让学生深切感受到以实验为基础、以严谨的逻辑关系构成理论结构是物理学科的特点。通过对"二力平衡"的学习,可以充分体现核心素养的培养在学生成长过程中的重要作用和价值。

一、教学案例

[活动二]

1. 提出问题。

物体处于二力平衡时需要什么条件?

2. 进行实验与收集证据。

按照如图 7-8 所示装置进行实验,回答下列问题:

(1) 厚纸片静止时,两边细线拉力的大小是何关系?

(2) 厚纸片静止时,两边细线拉力的方向是何关系?

(3) 厚纸片静止时,两边细线的拉力是否作用在同一直线上?

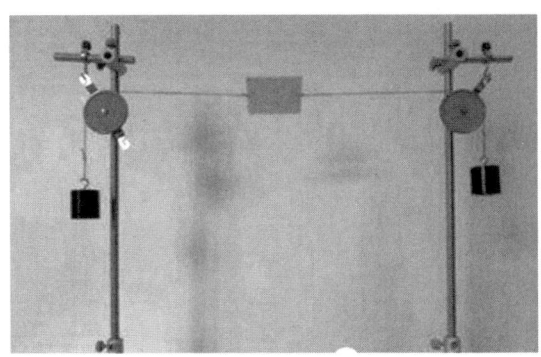

图 7-8

3. 分析与论证。

二力平衡的条件为:

(1) _____。

(2) _____。

4. 教师提出问题。

物体处于平衡状态时需要什么条件？

教师引导学生通过对静止的水杯受力分析进行猜想，指导学生进行分组实验，验证猜想。实验步骤如图7-8所示：厚纸片用细线系牢，细线的两端绕过铁架台上的滑轮并挂上钩码。这样厚纸片在水平方向受到两个拉力，用力的示意图画出厚纸片受到的两个拉力。观察厚纸片在什么情况下保持静止状态。按照教材上的实验步骤进行探究，得出二力平衡的条件。

二、案例评析

物理核心素养中特别强调培养学生获取知识的途径和能力，这比知识本身更为重要。上述教学过程的设计不能顺应学生的发展，不符合学生的思维发展过程，不能有效地培养学生科学严谨的思维能力和创新能力。建议在教学中先探究木块在桌面上静止时所受拉力不相等却处于平衡状态的实验，激发学生的思维冲突，分析原因进行创新改进；再进行实验探究小车静止时受力平衡的条件，探究改进厚纸片平衡时的受力情况。这样从学生的已有经验和认知水平出发，设计循序渐进、层层递进的学习活动，重视物体概念的建构过程，促进学生对抽象概念的理解，引导学生在问题解决中提升能力，发展核心素养。实验时再增设匀速直线运动情况下的对照组，使实验数据更加全面、丰富，实验结论更具有普遍性。探究物体处于匀速直线运动时，用弹簧测力计挂上钩码，保持钩码静止，读出弹簧测力计的示数，分析其所受平衡力的情况。再使钩码水平匀速运动、竖直匀速运动，读出弹簧测力计的示数，分析数据，得出结论，使实验更加完整。学生在参与改进的过程中学会思考、学会质疑，不仅获得了确定的结论性知识，而且在知识的学习、科学素养的培育等方面得到了实质性提高。

三、教学建议

[活动二]

1. 提出问题：二力平衡的条件是什么？

(1) 如图7-9所示，探究木块静止时，木

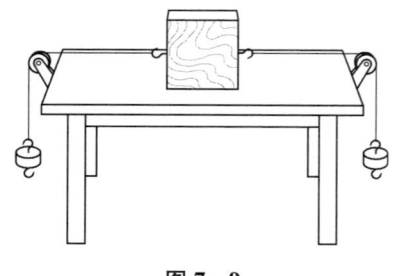

图7-9

块受到水平方向的两个力的大小关系。

观察钩码的质量和个数,学生分析得出结论。教师随后向其中一侧再挂一个小钩码,发现木块依然静止。教师应让学生观察实验现象,引导学生积极思考和交流,分析原因(木块与桌面之间有摩擦力),并提出如何改进实验。

(2)如图7-10所示,探究小车在桌面上静止时受到水平方向的两个力的关系。

经过同上一个实验同样的实验操作后,发现小车与桌面之间的摩擦力也在影响实验,学生改进实验。

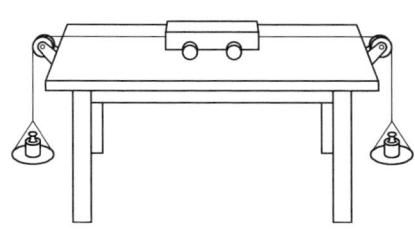

图 7 - 10

(3)如图7-8所示,探究厚纸片静止时受到水平方向的两个力的关系。

请利用桌面上的器材完成实验,并把实验过程和观察到的现象记录至下表。教师指导学生真实、全面地记录实验数据,关注是否有与预设结果相矛盾的信息,引导学生对实验活动进行总结和评价,促进学生交流、评估、反思能力的提升。学生通过表中信息总结出二力平衡的条件。

纸片所受两个力的 大小(相等或不相等)	纸片所受两个力的 方向(相同或相反)	纸片所受两个力 是否在同一直线上	纸片是否平衡

2. 拓展。

(1)如图7-11所示,探究两个力的大小相等、方向不相同时,纸片能否处于静止状态?

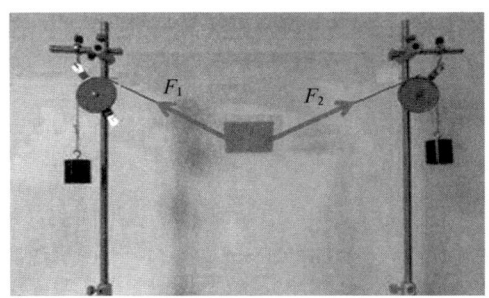

图 7 - 11

（2）二力平衡时，两个力必须作用在同一物体上吗？如何验证你的猜想？

（3）物体处于匀速直线运动状态时，所受两个力的条件与上述条件相同吗？如何进行探究？

第八章

压　强

　　压力、压强与学生的日常生活非常贴近,但学生对压力的方向、影响压力作用效果的因素等了解得比较简单。因此教师应通过创设情境、设计探究实验引导学生进行深度学习,从而提高学生的探究能力、动手能力、合作能力和解决生活中实际问题的能力。

第一节 压力的作用效果

研究压力的作用效果

压力的实质是弹力。由于初中生理性分析能力较弱,因此容易把压力与重力混淆,而且学生对于影响压力作用效果的因素了解得也比较肤浅。教学中可以通过创设问题情境,通过亲身体验和实验探究进行深度学习,同步提高学生的探究能力、动手能力、合作能力、证据意识和解释能力。

一、教学案例

[活动一]

观看一段视频(视频内容:人在雪地中行走,行走艰难且留下深深的脚印;滑雪运动员使用滑雪板滑行,滑行顺畅且留下的滑痕较浅),请思考讨论下列问题:

(1)为什么会留下脚印和滑痕?

(2)脚印和滑痕有何不同?为什么?

(3)影响压力作用效果的因素有哪些?

(4)如何探究影响压力作用效果的因素?应采用什么研究方法?如何进行实验?

二、案例评析

通过播放视频可以有的放矢地引导学生专注教师要表达的学习内容,可以通过放大细节来引起学生的注意。这种教学方式直接生动,容易引起学生的兴趣和关注,又能够为后面猜想影响压力作用效果的因素做好铺垫。但是教师的这种情境设计指向过于明确,铺垫过于直接,不利于培养学生的观察、提取、归纳能力,且对压力的方向的教学会造成误解,容易与重力的方向混淆,容易把重力与压力混为一谈,甚至认为压力就是重力。进行探究实验教学时通过控制变量法来提高学生设计实验的能力,会忽视通过选择教学器材来进行转换法的教学。这样不利于学生的实验设计能力、科学推理能力的培养。建议可以设置与学生生活贴近的有趣活动,既可以增强学生的动手能力,观察提取信息、归纳概念的能力,又可以使全体学生体验物理知识在生活中的应用。再结合前面所学弹力的有关知识,通过理论推理使学生加深对压力方向的理解,同时又便于学生区别重力与压力的不同之处。让学生选择不同的器材进行实验,有利于开发学生的发散思维能力。选择器材前如不刻意对学生进行引导,会造成部分小组因所选器材不能显示压力的作用效果,导致不能顺利完成实验,这样曲折的经历反而能够加深对"转换法"和"控制变量法"的理解。这样有利于提高学生的评估交流能力,共享意识,便于培养学生的科学推理能力。

三、教学建议

[活动一]

建立压力的概念模型,理解压力的方向。

如图 8-1 所示,向不同方向用不同大小的力挤压气球,观察气球发生了哪些变化? 如图 8-2 所示,两手指夹住三角板,改变用力大小,体会两手指的感觉。

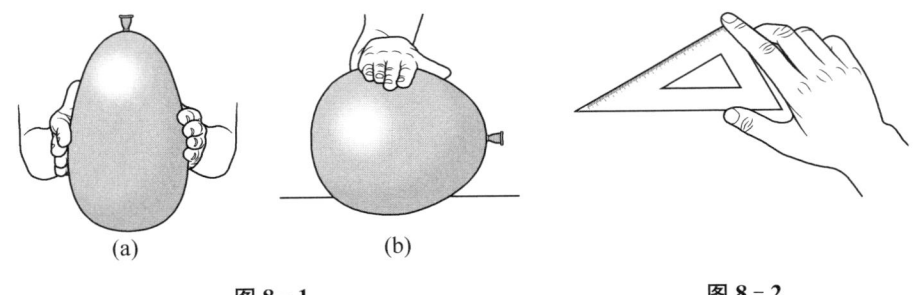

图 8-1　　　　　　　　　　　　图 8-2

讨论问题:

1. 如何描述压力的方向? 并作出解释。
2. 影响压力的作用效果有哪些? 并作出解释。
3. 如何改变压力的大小?
4. 如何改变受力面积的大小?

学生讨论并回答,选择器材进行实验,教师巡回指导。实验后,各小组学生共同分析得出结论,评估交流,展示共享。

压强的计算

压强是描述压力作用效果的物理量。建立压强的概念和计算模型,要求学生会进行压强的计算。

一、教学案例

[活动二]

1. 阅读教材第 144 页有关压强的内容。回答下列问题:

(1) 压强的概念是什么?

(2) 压强的计算公式是什么?

(3) 压强的单位是什么?500 Pa 的物理意义是什么?

2. 阅读教材第 145 页有关压强的计算。说一说进行压强计算应注意哪些事项?

二、案例评析

这是大部分教师采用的教学方式,可以从中提高学生的阅读能力,培养学生从教材中提取信息的能力。通过例题和练习巩固,学生掌握解答问题的基本步骤,有利于学生应对考试,提高学生的计算能力。这种方式并没有建立完整的压强概念,而是直接让学生从教材中获得,虽然有利于课堂教学目标的达成,但是缺失了建立压强概念的过程,没有引导学生真正去理解比值定义法。失去了建模的过程,学生在应用时只是按照数学的方式来掌握,并不能意识到数学只是物理计算的工具,同时也缺失了培养学生联系实际解决生活问题的能力。

提升学生的学科素养,学生需要经历建构压强概念的过程,并且知道压强概念建立的必要性。建议本部分内容采用问题驱动教学法。问题驱动教学法是一种以学生为主体、以专业领域内的各种问题为学习起点,以问题为核心规划学习内容,让学生围绕问题寻求解决方案的一种学习方法。我们身边有很多存在压强却不能用肉眼看出发生了形变的现象,例如双脚站在地面上,汽车行驶在公路上……这时候我们该如何去比较其压力的作用效果?在修建公路时,如何才能知道各种载重汽车能否安全通行？教学中可以向学生提出这些问题，引导学生在不断解决问题的过程中逐渐建构出压强的概念。这样既能够提高学生学习的主动性，提高学生在教学过程中的参与程度，又容易激发学生的求知欲，活跃其思维。

三、教学建议

[活动二]

1. 提出问题。

（1）小明双脚或单脚站立在同一水平地面上，哪种情况产生的压力作用效果更明显？

（2）某条公路在建造时，如何才能知道建造的路面能否满足各种车辆安全通行？

2. 建立压强的概念模型。

如下表所示，对压力的作用效果进行对比，哪个最明显？可以怎样表示压力的作用效果，并在第四列写出来。

序　号	压力 F /N	受力面积 S /m^2	
1	10	1	
2	20	1	
3	20	4	

引导用比值定义法并采用数学公式描述压强概念，建立求解压强的公式，并得出压强的单位。

迁移运用数学公式模型解决问题。提出与实际有关的问题，要求学生解决。培养学生科学建模的能力。

压强的增大与减小

教师把影响压力作用效果的因素和压强的物理意义整合，提高学生对压强知识的应用能力。通过学生的生活体验和解决实际问题的过程，增强学生理论联系生活、科学服务社会的意识和能力。

一、教学案例

[活动三]

教师提出问题。

1. 影响压力作用效果的因素有哪些？引导学生说出增大和减小压强的方法。

2. 展示图片，引导学生说出图片中的情形哪些是增大压强？哪些是减小压强？具体又是采用了哪些方法？

3. 引导学生列举生产生活中关于压强的增大与减小的应用实例。

二、案例评析

这种案例从理论到实践，注重了学生理论应变能力的提高。可以引导学生有针对性地解释涉及生活中的问题，但这样更像是在做选择题，限制了学生的思维，不利于提高学生解决实际问题的能力。教学时可以通过设计实际问题，让学生去尝试解决问题并体验现象，在潜移默化中运用了所学知识；通过展示前沿科技发展中与压强有关的例子，让学生去感悟科技的发展与物理学息息相关；通过扩展学生的视野，使学生增加对压强概念的理解。培养学生对自然现象的科学世界观和对社会进步中可持续发展的责任感，树立用物理知识来提高人们生活水平的意识，培养学生关注科学技术发展的习惯。

三、教学建议

[活动三]

设计学生活动。

1. 怎样让中学生踩在鸡蛋上，而鸡蛋却不破损？引导学生尝试作出解释。

2. 把多张 A4 纸分别卷成纸卷，怎样放置使得中学生踩在上面不会把纸卷踩扁？引导学生作出解释。

3. 怎样把陷在泥泞中的货车顺利拉出？

4. 解释路面被轧坏及坦克装有履带的原因。

5. 通过对压强知识的理解，举出科技发展中涉及压强的例子。

第二节 科学探究：液体的压强

科学探究：液体的压强

学生在日常生活中比较缺乏对液体压强的感受和认识，但液体压强对生活的影响和在生产生活中的应用比比皆是。因此，建立液体压强模型与这些应用的联系，更有利于学生完善压强观念，也有利于培养学生将物理知识用于实践的意识。

一、教学案例

[活动一]

1. 利用如图8-3所示的器材进行演示实验，提出问题并要求学生讨论以下问题：

（1）橡皮膜向下凸起或向一侧凸出，说明了什么？

（2）液体压强产生的原因是什么？

（3）仔细观察图8-3(c)和图8-3(d)中橡皮膜凸起的程度，由此你想到了什么？

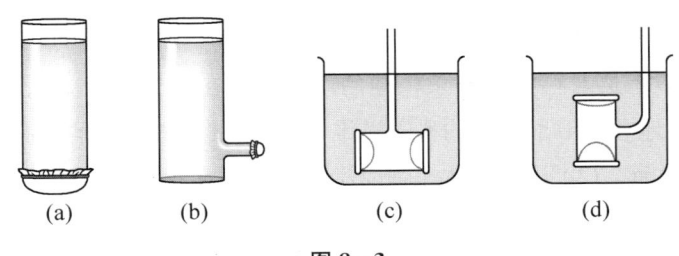

图8-3

2. 探究液体压强与哪些因素有关。

（1）提出问题：影响液体压强大小的因素是什么？研究方法是什么？学生讨论，认识到要用控制变量法探究以上问题。

（2）教师出示U形管液体压强计，介绍其作用和使用方法，并要求和指导学生进行实验。

（3）学生分析实验得出结论，评估与交流实验中出现的问题。

（4）引导学生推导液体压强的计算公式，并用来进行计算。

（5）应用结论，解释图8-4中的现象。

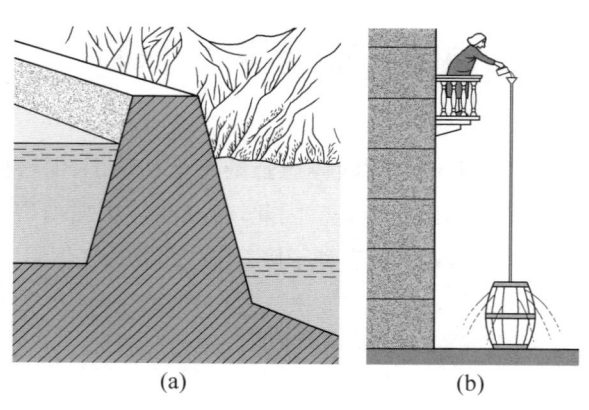

图8-4

二、案例评析

本案例教学思路清晰，每一步的教学设计都指向教学目标，学生始终跟着教师的每一步设计进行学习，整个过程都在教师的预设之内。教师教起来得心应手，学生学起来没有障碍。教学设计中教师注重了对学生的观察能力、探究能力和运用知识解释自然现象能力的培养，注重了物理与实际生活的联系，通过对科学家的介绍以渗透对科学家科学精神的认识。但在整个设计中，教师的引导过于强硬，有些地方束缚了学生的科学思维，不利于其核心素养的提高。具体表现在以下几个方面：（1）认识液体压强时学生仅限制在观察并思考，缺少了对液体压强存在的体验，这样会导致他们对液体压强产生的原因理解不够深刻；（2）U形管的介绍和使用，限制了学生创新思维的发展；（3）液体压强公式的推导由师生共同完成，不利于培养学生的科学推理能力，学生不能亲身去体会理论与实践的统一，同时建模能力也受到了限制；（4）在应用液体压强有关知识进行解释时，虽提高了学生的解释能力，但缺乏与液体压强知识相关的科技发展的介绍，以及安全责任和爱国主义思想的培养教育。

提升学生的学科素养,教学中可以发给每个学生一只一次性薄手套,通过对比戴上手套的手在空气中、在水中时的现象和手的感受,让学生认识到液体压强的存在,这样有利于思考液体压强产生的原因。通过演示贴膜立方体在水中的直观现象可以引发学生猜想到液体压强与深度的关系。在探究液体压强的特点时,该实验的教学难点是"如何显示液体的压强大小",建议把这个问题抛给学生,通过引导学生讨论和教师的点拨,引出 U 形管压强计,从而培养学生的创新思维。由于前面学生已经掌握了压强的计算和液体压强特点,因此可以放手让学生自主推导液体压强的计算公式,以培养学生的科学推理能力。并且要求学生把液体压强公式和液体压强特点进行对比,引导学生发现物理理论与实践的统一之美。在联系实际应用环节,建议放开思路拓展视野,从修筑河坝的常识、到模拟帕斯卡裂桶实验,再到"奋斗者"号载人潜水器,一步步引领学生从物理走向生活、走向科技,帮助学生树立科学服务于人类的意识。

三、教学建议

[活动一]

1. 感受液体压强,认识液体压强产生的原因。

(1) 学生观察体验:液体压强的存在。

(2) 教师演示:将贴膜立方体中空容器浸入水中,仔细观察薄膜的变化并根据现象提出问题。

(3) 学生列举生活生产中存在液体压强的实例并解释。

2. 初步探究,认识液体压强的特点。

(1) 提出问题:液体压强的大小与哪些因素有关?

(2) 学生猜想并说出依据。

(3) 选择器材,并说出所选器材的作用,发现问题:如何显示液体压强的大小?

(4) 师生共同讨论,引出测量液体压强的工具——U 形管压强计,并共同思考使用时的注意事项,培养学生的创新能力。

(5) 学生进行实验,收集证据,分析得出结论,共享交流。

3. 深入探究,建构计算液体压强的模型。

(1) 提出问题:液体压强与深度、密度有什么定量关系?

(2) 根据教材图 8-20,提出如何根据液体压强特点和压强公式进行推导,得出液体压强的计算公式。

4. 联系生活实际,树立安全意识并培养社会责任感。

(1) 学生活动:进行帕斯卡裂桶实验,分析桶裂开的原因。

(2) 如图 8-5 所示,要求学生解释:① 为什么进入深水区要穿潜水服?图 8-5(a)与图 8-5(b)中的潜水服有何区别?②"奋斗者"号可以潜入水中任意深度吗?③ 由以上分析你认识到了什么?

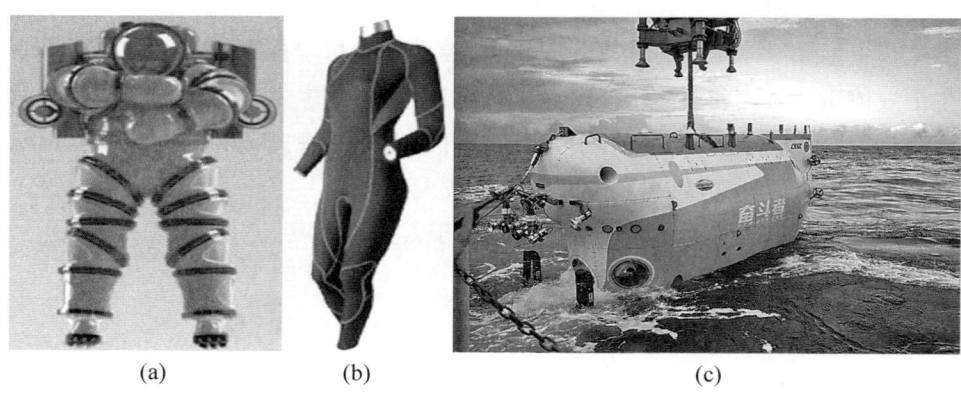

图 8-5

与液体压强相关的应用实例

连通器和液压机的原理均来自液体压强的特点,在生活生产中有着广泛的应用。掌握两者的原理更有利于学生对物理知识的灵活运用。通过对连通器原理的学习能够帮助学生树立理论联系实践的意识、提高学生科学论证的能力。

一、教学案例

[活动二]

直接介绍茶壶、U 形管原理。介绍最大的连通器——船闸的原理和使用情况。介绍液压机的原理和使用。

二、案例评析

以上案例的介绍有利于增强学生对液体压强特点的进一步认识和理解,并能够树立物理与实践的联系。此方式比较顺应学生的认知能力,但缺乏了对学生解决问题能力的培养,同时学生失去了独立论证能力的锻炼机会。

该教学环节的重点是液体压强的应用,因此在教学中建议引导学生走进真实的生活。首先在使用三种壶嘴与壶口高度不同的茶壶中发现连通器的特点,激发了学生的学习兴趣。进而解决问题:如何使船只从上游安全地行驶到下游?培养学生发展创新思维,设计出简单但却凸显核心的船闸雏形,同时也提高了学生解决问题的能力。帕斯卡定律是针对密闭液体而言的定律,学生在生活中很少涉及。因此教学时可以设置推动装满液体的密闭注射器的小游戏,使学生通过震撼的现象来认识密闭液体传递压强的特点,从而认识帕斯卡定律,同时也克服了教学困难,增加了教学趣味。把小型千斤顶带到教室,共同完成托人游戏,继而将该游戏转为计算,引导学生把理论与实践联系在一起,进一步提升学生的学科素养。

三、教学建议

[活动二]

1. 建构模型——连通器。

提出问题:壶嘴高于壶口、壶嘴低于壶口、壶嘴与壶口齐平的三种茶壶,让学生判断在使用它们时哪种更方便,并利用所学知识分析原因。

独立分析茶壶的工作原理,并介绍其他类型的连通器:U形管、牲畜自动喂水器、过桥涵洞等,扩大学生的视野。

解决问题:如何实现船只安全顺利地从上游到下游?并解释其中的道理。

2. 液压机的原理——帕斯卡定律。

小游戏:使用小型千斤顶托起一位同学。

提出问题:修理汽车时如何抬起汽车?

介绍帕斯卡定律,并进行巩固应用练习。然后归纳总结出液体传递的是压强而不是压力。

拓展生产生活中对液体压强特点的应用实例。

第三节 空气的"力量"

大气压强

在生活生产中与大气压强有关的现象比比皆是,学生已经司空见惯,但是他们并没有真正地思考过这些现象为什么与大气压强有关,更不会认识到大气压强很大。因此教学中需要通过突出的现象让学生认识到大气压强的存在和大气压强的大小,来逐渐建立并完善学生头脑中的大气压强观念。

一、教学案例

[活动一]

1. 初步认识大气压强的存在。

通过复习影响液体压强大小的因素,教师提出问题,让学生讨论:

(1)空气会受到重力的作用吗?

(2)空气具有流动性吗?

(3)空气有压强吗?通过讨论,引导学生认识到大气压强的存在。

教师提供注射器、水、吸盘、玻璃管等器材引导学生进行小实验来证明大气压强的存在。

教师进行如图8-6所示的演示实验:分别用冷水去浇有盖和没有盖的加热过的易拉罐,对比两个易拉罐的形状变化并分析原因。

图8-6

2. 认识大气压的大小。

播放视频介绍马德堡半球实验,引导学生认识到大气压很大。

二、案例评析

先通过讨论让学生从理论上认识到大气压的存在,再通过学生感兴趣的实验来证明大气压的存在,然后播放马德堡半球实验的视频,让学生认识到大气压很大。这样层层递进,一步步引导学生加深对大气压的认识,有利于逐渐建立大气压的观念。但是在整个过程中,教师的引导性过强,学生失去了通过生活现象联系物理及自主思考的机会,不利于培养学生的建模能力和科学推理能力。在教学中,可采取演示使用真空收纳袋收纳被子的过程,让学生亲眼看见被子的形状发生变化的过程,并分析产生这种现象的原因。这样既让学生认识到大气压强的存在,又可以引导学生深入思考大气压强产生的原因。该实验接近学生的实际生活,既可以提高学生的学习兴趣,又能够锻炼学生的科学推理能力,帮助学生树立物理知识与生活实践互相联系的意识。再提供器材让学生自己进行实验,提高学生的动手能力,把抽象的大气压的存在变为形象的科学现象。最后教师提供两端开口的细玻璃管进行实验,为后面学习大气压的测量做好铺垫。还可以通过模拟马德堡半球拔河比赛,让学生亲身体会大气压很大。

三、教学建议

[活动一]

1. 初步认识大气压的存在及产生原因。

教师演示实验:用抽气机抽出收纳袋中的空气,提醒学生注意观察被子的形状发生变化并思考原因。

学生利用教师提供的器材进行实验并展示大气压的存在,重点展示细玻璃管吸水的实验。

2. 感受大气压的大小。

进行游戏:如图8-7所示,模拟马德堡半球实验,让学生进行比赛,亲身感受大气压的存在且大气压很大。再播放马德堡半球实验的视频,使学生认识到大气压很大。

图8-7

测量大气压

测量大气压的活动有利于提高学生的动手能力，以及学生评估、对比实验的能力。大多数学生都能想到利用吸盘、弹簧测力计等器材，并结合压强的计算公式来测量大气压，但对托里拆利实验的原理不易理解，因此教学中应该注意铺垫和引导，以提高学生的创新思维和应用能力。

一、教学案例

［活动二］

播放托里拆利实验视频并讲解实验原理，接着对托里拆利实验进行展开讲解，加深学生的认识和理解。要求学生根据视频数据进行计算，以认识1个标准大气压的大小。

二、案例评析

教师通过观察实验现象和充分讲解，帮助学生正确理解托里拆利实验，便于提高学生的分析和应用能力。但是缺少利用液体测量大气压的方法建构过程，且没有经过对比使用吸盘、弹簧测力计等器材的方法，让学生失去了两种方法对比评估的机会，因此批判创新的能力也就没有得到发展和提高。教学时可以通过让学生先使用吸盘、弹簧测力计等器材测量大气压，并对该测量方法进行评估，认识到这种测量方法的缺点，再指出需要学生改进以上缺点，以此发展学生的创新能力。随后展示一端开口、另一端封闭的细长玻璃管，让学生认识到大气压可以支撑水柱，进而通过测量液体压强的实验来间接测量大气压。但实验中会再次遇到困难，大气压能够支撑的水柱太高，在教室内无法实现测量。进一步想到改进方法：① 在室外进行测量；② 改用密度较大的液体进行测量。这样可以提高学生的批判思维和创新思维能力。此时再介绍托里拆利实验，并播放相关实验视频。整个过程层层递进，逐渐搭建思维的台阶，使学生在掌握测量大气压方法的同时，提高了分析能力、批判能力和创新能力。

三、教学建议

[活动二]

1. 以 $p=\dfrac{F}{s}$ 为原理测量大气压。

讨论如何测量大气压：

（1）测量原理是什么？

（2）测量时需要哪些器材？

学生使用吸盘、注射器、弹簧测力计等器材按照图 8-8 所示进行测量，展示测量结果并分析原因，再提出更好的实验方案。

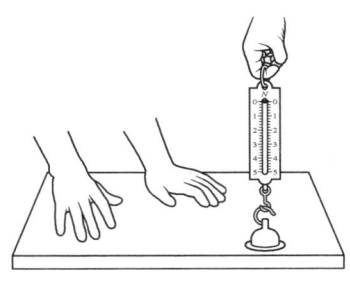

图 8-8

2. 以 $p=\rho g h$ 为原理测量大气压。

展示大气压支撑的细玻璃管中的水柱，从理论上分析水柱的受力情况，大气的支持力与水柱的重力有什么关系。进一步提出此时大气压的大小是否等于水柱产生的压强。

师生共同分析后进行实验，探究并测量大气压能支撑多高的水柱。

进行实验时发现不能实现实验目的，分析原因并改进实验。

介绍托里拆利及其实验，播放使用汞进行测量的视频。求出 1 个标准大气压的大小。

反推求出 1 个标准大气压能够支撑的水柱高度，播放在室外使用水进行测量大气压大小的视频。

3. 迁移应用。

介绍汞气压计和金属盒气压计。

大气压强的变化

对于学生来说，大气压的变化比较抽象、陌生且难以理解。

一、教学案例

[活动三]

展示日常生活中袋装饼干在平原和高原地区发生的变化,教师通过这些现象提出问题:

(1) 平原和高原地区的空气稠密程度有什么不同?

(2) 在不同的地方,大气压都相等吗?

(3) 随着高度变化,大气压随高度会发生哪些变化?

通过分析得出大气压是怎样随高度变化的。

二、案例评析

根据日常现象提出问题,能够激发学生的学习兴趣并培养学生的观察能力。再通过推理认识大气压变化的原因,有利于提高学生的分析能力和科学推理能力。但这种讲解的方式对于学生比较生硬抽象,很多学生并不能真正理解,学生的推理能力的发展也会大打折扣。建议在教学中可以通过演示实验模拟大气浓度的变化带来的大气压的变化,变抽象为形象,从而降低了认知难度,便于学生掌握并发展科学推理能力。最后,播放有关大气压的应用的视频,拓展学生的视野,进一步完善学生对大气压的理解。

三、教学建议

[活动三]

1. 观察大气压的变化。

提出问题:

(1) 在珠峰顶行走为何要带氧气罩?

(2) 如果大气的稠密程度发生变化,大气压是否会改变?

(3) 大气压是否会随海拔高度发生变化?

演示实验:

证明大气压与气体的稀薄有关。

播放随着高度变化,大气压也变化的视频。

2. 应用大气压。

要求学生列举大气压的应用。

第四节 流体压强与流速的关系

流体压强与流速的关系

流体流速发生变化时流体压强会随之发生变化,这个知识点比较抽象,学生不易理解。教学中通常采取从物体受力的角度进行科学推理,由现象到本质,既提高了学生的观察能力,同时也培养了学生的理性思维。

一、教学案例

[活动一]

1. 创设情境,提出问题。

展示图片:水翼船在水面上行驶、飞机在天空中飞行。

提出问题:当液体、气体流动时,其压强会发生变化吗?

2. 进行实验,探究推理。

要求完成图 8-9 中的模拟实验,并尝试分析解释。

图 8-9

教师引导学生根据以上实验中产生的现象,对乒乓球和小船的受力情况进行分析,从而推理得出流体压强与流速的关系。

学生根据所得结论,做图 8-10 所示的实验,并尝试解释产生这种现象的原因。

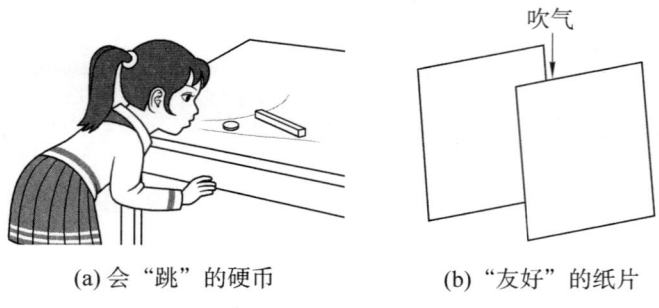

(a) 会"跳"的硬币　　　　(b) "友好"的纸片

图 8-10

二、案例评析

此教学案例要求学生按照教师的图示去做实验,再在教师的引领下推理出实验结论,最后再去做实验并解释实验现象。这样降低了学生的思维难度,顺利地完成了教学目标,并且训练了学生运用所学解释实验现象的知识迁移能力。但在整个过程中,教师的引导过于牵强,束缚了学生的思维,学生的创新能力没有得到充分开发,同时也失去了设计实验的机会。再者,通过推理的方式间接得出流体压强与流速的关系,这依然比较抽象,学生不太容易理解。建议在教学中可以通过生活中的问题引导学生设计实验,通过引导改造 U 形管压强计,把流体压强随流速的改变直观地表现出来,实现压强变化的直观化,变抽象结论为直观现象,可以降低学生的思维梯度,一步到位顺利得出结论。然后再让学生自己进行实验并解释实验现象产生的原因,既提高了学生的动手能力又锻炼了学生的表达能力。

三、教学建议

[活动一]

1. 创设情境,提出问题。

播放飓风的相关视频,根据现象对比飓风发生前后物体的位置改变,引导学生提出问题,探究流体压强与流速的关系。

2. 设计实验,进行探究。

讨论问题:

(1) 选择什么物体显示流体压强的变化?

(2) 如何改变流速？改变什么位置的流速？

学生通过讨论，想到使用 U 形管压强计并进行改造来显示流体的压强。

教师进行演示，根据实验现象，学生得出实验结论。

3. 迁移运用，进行实验。

给学生提供器材，要求学生分组设计、进行实验并解释现象。

升力的产生

飞机升力的产生是对流体压强与流速关系的迁移应用。在学习了流体压强与流速关系的基础上，学生容易明白升力产生的原理，同时培养了学生的创新、迁移应用能力。

一、教学案例

［活动二］

1. 解释飞机升力的产生原因。

如图 8-11 所示，让学生从中选出飞机的机翼是哪种形状？并解释原因。

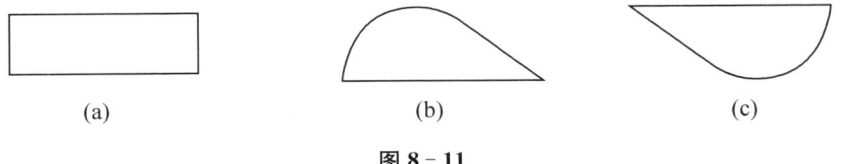

图 8-11

2. 迁移运用，解释现象。

展示生活生产中与升力相关现象的图片，要求学生进行解释。

二、案例评析

结合教材中出现的飞机形状，学生可以很快找到机翼的形状，并利用所学进行解释。这样使得教学能够顺利开展，并使学生掌握飞机升力产生的原因。再解释生产生活中的其他现象，提高了学生运用所学解释相关现象的能力，并且使学生树立了安全意识和社会责任感。但是这也会使学生失去了感受工程师们当初根据小鸟的飞行需要翅膀，并由此制造机翼的过程，学生的创新迁移运用的能力和动手能力没有得到锻炼。教学中教师包办过多,限制了学生解决问题的锻炼机会,不利于学生核心素养的发展。

提升学生的学科素养,建议在教学中通过设置学生喜欢的动手制作活动,让学生进行各种尝试,在失败或成功中寻找到解决问题的方法。例如可以通过对方形泡沫进行改造,达到模拟机翼的目的,发现飞机升力的产生原因。同时这样设计可以扩大学生的参与度,极大地激发学生的学习兴趣。再通过小组展示,共同寻找失败的原因,分享成功的喜悦,增强学生的团队精神。然后再提出船队航行、飞机编队飞行时如何保证安全的问题,让学生说出对应的安全注意事项,并进行说明解释,从而提高学生的理论分析能力,强化学生的安全意识。最后再联系日常生活中有关流体压强与流速关系现象的实例,如汽车的流线型、抽油烟机的工作原理等,引导学生去解释现象,提升学生应用知识和语言表达的能力,培养学生的跨学科意识。

三、教学建议

[活动二]

1. 迁移运用,制造机翼。

给学生提供立方体形状的泡沫、鼓风机等器材,要求学生自己动手改造泡沫的形状,完成一个机翼的制作,试试如何使其上升。

学生展示做好的机翼,并解释成功的理由或分析失败的原因。

2. 迁移运用,解决问题。

船队航行、飞机编队飞行时如何保证安全?

第九章
浮 力

　　浮力现象与生活联系较为密切,但浮力大小的分析、计算比较复杂,学生理解起来比较困难。初中生的思维方式要求逐步由形象思维向抽象思维过渡,因此在教学中应注意引导学生应用已有知识,通过探究实验和理论分析来获得新知识,并能应用这些知识去解释日常生活中的浮力现象,解决某些简单的问题。同时还要让他们在获取和应用这些知识的过程中坚持科学的态度。

第一节 认识浮力

什么是浮力

浮力现象在生活中普遍存在。学生对浮力有感性认识,但对下沉的物体是否受浮力作用认识不清。引导学生通过实验认识到下沉的物体也受到浮力的作用。这样能激发学生的学习兴趣,培养观察实验能力、科学思维能力,形成科学的研究习惯。

一、教学案例

[活动一]

如图9-1所示,教师展示"辽宁号"航母浮在水面和热气球腾空而起的图片,让学生认识到浮力的存在并给出浮力的定义。

(a)

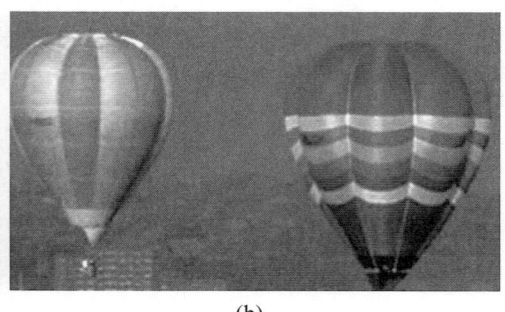
(b)

图 9-1

[活动二]

引导学生观察石块在空气中和水中时弹簧测力计示数的变化,思考:

1. 石块在水中是否受到浮力？说出理由。
2. 浮力的大小如何计算？

[活动三]

利用篮球、气球、杠杆和钩码完成图9-2所示的实验，告诉学生气体也会产生浮力。

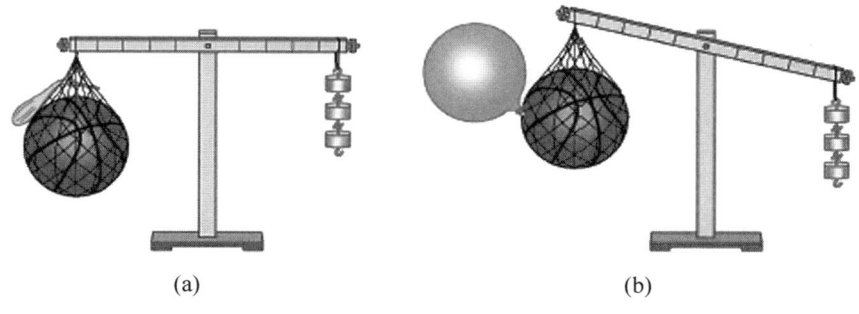

图 9-2

二、案例评析

物理是一门以实验为基础的课程，要充分发挥实验在教学中的作用。本案例的引入较为平淡，没有利用有趣的实验来吸引学生，学生兴趣不高。对于浮力的方向，仅仅依靠教师的讲授让学生去理解，没有利用实验显示浮力的方向，因而学生对于竖直向上缺少直观体验，这样的教学过程不利于培养学生的探究意识。

教学要充分利用学生的已有知识和经验。对于在水中下沉的物体是否受到浮力，可以留给学生更多的空间，让学生自主参与这个实验的设计，有利于培养学生的实验设计能力和科学推理能力。

三、教学建议

[活动一]

如图9-3所示，将空矿泉水瓶在中部切开，拧去瓶盖，瓶口朝下放在桌面上，放入一个乒乓球在瓶颈处，向瓶子里倒水，发现乒乓球并不会浮起来，你知道这是为什么吗？

1. 请举出生活中物体受到浮力的例子。

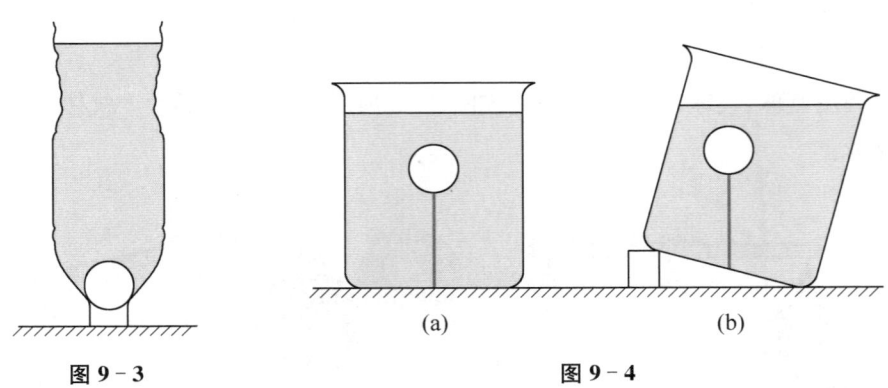

图 9-3　　　　　　　　图 9-4

2. 如图 9-4 所示，用一段较粗的红毛线，将其两端分别固定在乒乓球和大烧杯的底部，将水注入大烧杯，直到将乒乓球浸没，观察红毛线被拉直后的情况。然后将大烧杯的一端垫高，观察红毛线被拉直的方向。通过以上实验，说出浮力的方向。

[活动二]

请利用弹簧测力计、石块和水等器材设计实验，探究下沉的物体是否受到浮力，并写出计算下沉物体所受浮力的方法。

如图 9-5 所示，通过对水中的物体进行受力分析，利用平衡力的知识分析弹簧测力计测量浮力的原理。

[活动三]

教师演示气体中有浮力的实验。

1. 原本水平的杠杆，现在一端上翘的原因是什么？
2. 气体是否也能产生浮力？能举例说明吗？

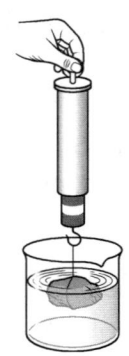

图 9-5

浮力产生的原因

通过前面压强的学习，学生已经知道液体内部深度越大，压强越大，这可以帮助学生认识到浮力产生的本质原因。

一、教学案例

[活动四]

如图9-6所示,设想一个立方体浸没在水中,分析它的上、下、前、后、左、右六个表面的受力情况,思考以下问题。

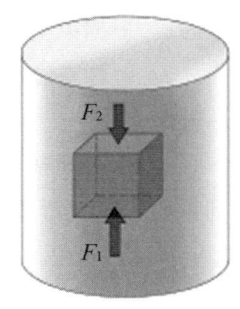

图9-6

1. 分析立方体的左、右两个表面压力的大小关系。两者是否是平衡力？前、后两个面受到的力是否是平衡力？

2. 分析立方体的上、下两个表面压力的大小关系。向上的压力和向下的压力是否相等？如何求这两个力的合力？合力的方向如何？

二、案例评析

本案例没有较好地利用实验来增加学生的感性认识,单纯的理论分析比较抽象,学生缺少直观的体验。对于浮力产生的原因这个难点不能顺利地突破,证据不够充分,学生的参与程度不够,造成学生对这一部分内容不能真正地理解,核心素养能力不能得到有效的提升。

通过观察附有橡皮膜的立方体在水中各个面的凹陷程度,引导学生思考、讨论其中的原因,帮助学生认识浮力产生的原因,然后利用所学知识解释前面的小实验。这样在激发学生兴趣的同时,更好地培养了学生分析问题、解决问题的能力。

三、教学建议

[活动四]

如图9-7所示,把覆有橡皮膜的铁丝立方体浸没在水中某一深度,观察橡

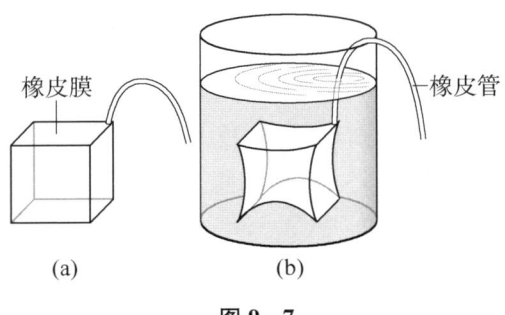

图9-7

皮膜各个面凹陷的程度,结合液体压强的特点分析,并交流讨论。

1. 分析物体的上、下、左、右、前、后六个表面受到的压力的大小关系。

2. 根据以上实验和分析,你认为浮力产生的原因是什么?

3. 解释在之前的实验中,乒乓球没能浮起来的原因,你有什么办法让乒乓球浮起来?

4. 小明同学对图9-5中的浸入水中的物体进行受力分析,他认为物体受到重力、拉力、浮力以及液体对物体的压力,你认为小明的说法是否正确?

第二节 阿基米德原理

浮力的大小与哪些因素有关

浮力现象在生活中普遍存在,学生有丰富的感性认识,但到底有哪些因素影响了浮力的大小,学生缺少科学系统的思考,需要教师创设情境,让学生通过实验、分析,从而认识浮力大小的影响因素。

一、教学案例

[活动一]

猜想与假设。

1. 听说过"死海不死"吗? 由此猜想:浮力的大小可能与什么因素有关?

2. 通过学习液体压强的知识,物体浸入水中越深,所受的水的压强就越大。由此猜想:浮力的大小可能与什么因素有关?

进行实验与收集证据:

如图9-8所示,把鸡蛋放入清水中,然后逐

图9-8

渐加盐,改变液体的密度,直至鸡蛋上浮至液面。这个实验说明了什么?

按照如图9-9、图9-10所示的方法继续进行实验,观察弹簧测力计的示数的变化,你认为浮力的大小与哪些因素有关?

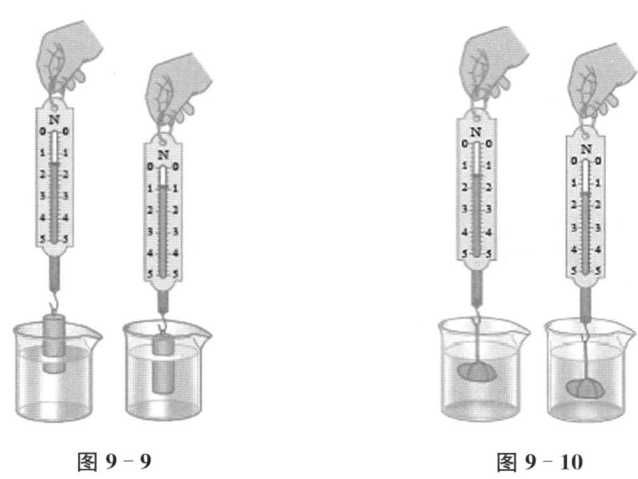

图 9-9　　　　　　　　图 9-10

二、案例评析

教师直接提出问题,引导学生猜想,学生缺少直观体验,通过液体的压强知识来猜想浮力大小的影响因素显得有些牵强。从核心素养的角度分析,这样的处理方式重结果、轻过程。这种设计脱离了学生实际,更像是"走过场",不能较好地培养学生的科学探究能力。

可以通过小活动"使小西红柿浮起来"和"按压空饮料瓶"创设情境,激发学生兴趣,引导学生猜想浮力大小的影响因素,同时学生利用已有经验,猜想影响因素还可能是物体的质量、密度、形状等。让学生自主设计实验进行探究,通过对"深度"和"物体排开液体的体积"的辨析,帮助学生认识事物本质,较好地发展了学生的思维能力。

三、教学建议

[活动一]

1. 如图9-11所示,想办法使小西红柿浮上来。

2. 如图 9-12 所示,向水中压空饮料瓶,注意体验手受到力的大小变化情况。

图 9-11　　　　　　　　　　图 9-12

思考:结合这两个活动以及自己的生活经验,你认为浮力的大小可能与什么因素有关?

进行实验与收集证据:

利用如图 9-13 所示的实验器材,请每个小组探究浮力的大小是否与 $\rho_{液}$、$V_{排}$ 以及 h 有关。

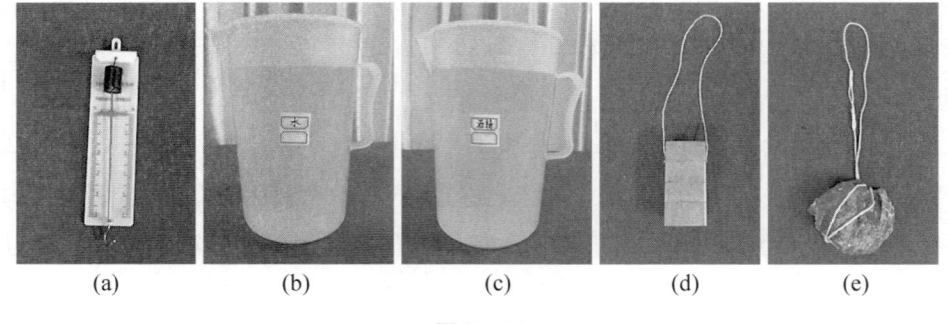

图 9-13

对于个别同学提出的其他猜想,给对应的小组提供相应器材。例如用体积相同的铜块和铝块可以验证浮力的大小与物体的密度是否有关;用圆锥体可以验证浮力的大小与物体的底面积是否有关;用橡皮泥可以验证浮力的大小与物体的形状是否有关。

交流辨析:

分析图 9-14 所示的实验,思考:你认为 $V_排$ 和深度 h 哪一个因素影响浮力?说出你的理由。

阿基米德原理

认识了影响浮力大小的因素后,该如何建立浮力与以上因素之间的定量关系?学生需要在教师的引导下进行实验探究。

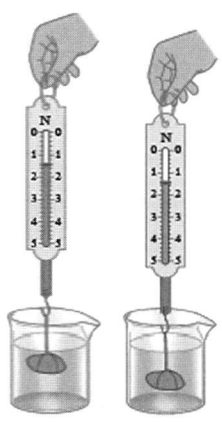

图 9-14

一、教学案例

[活动二]

1. 提出问题:通过前面的探究活动,认识到浮力大小的影响因素是 $\rho_液$ 和 $V_排$,思考:浮力的大小与物体排开的液体所受到的重力大小有怎样的关系呢?

2. 完成如图 9-15 所示的实验,你能得出什么结论?

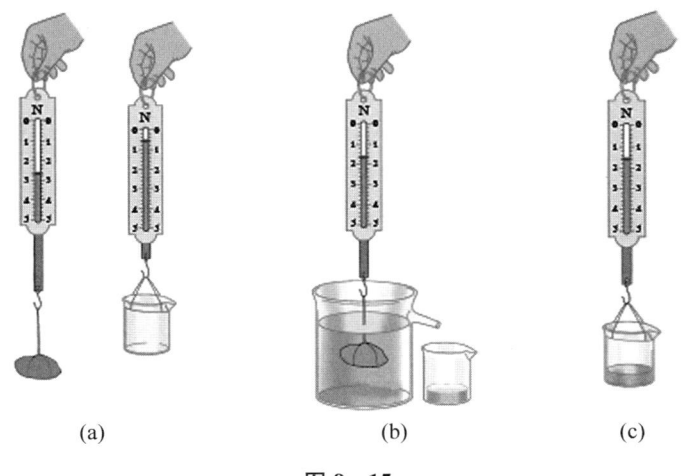

图 9-15

二、案例评析

利用浮力与 $\rho_液$、$V_排$ 有关,认识到浮力可能与 $G_排$ 有关。采用这种方式建立

$F_浮$与$G_排$的联系,较为生硬,学生不容易理解,不利于培养学生的观察能力和提出问题的能力。实验中采用的液体仅仅是水,学生使用的物体也较为单一,对于结论的得出,缺少大量数据的支持,不利于培养学生严谨的思维习惯。

教学中可以引导学生思考如何收集排开的液体。通过展示在自制教具中收集排开液体的实验过程,让学生能看到浮力的大小和排开的液体受到的重力大小,顺利地建立了两者的联系。然后学生讨论交流、设计实验、进行探究。在实验中,教师提供多种液体、多个物体,对大量实验数据进行分析,得出结论,能较好地培养学生严谨的思维习惯。

三、教学建议

[活动二]

如何收集排开的液体?(各小组思考方案并发表各自的见解)

教师给学生展示用溢杯收集排开的液体的方法,把溢杯放在图9-16所示的装置中。物体和小桶的上方连着弹性系数相同的弹簧,弹簧下面各有一根指针,物体未浸入水中时,指针指示同一位置。当物体逐渐浸入水中时,右边弹簧的指针的变化可以显示出浮力的大小,左边弹簧的指针的变化可以显示出排开液体的重力的大小。

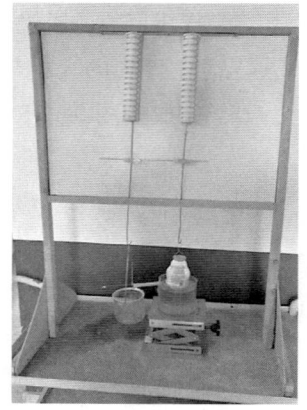

图9-16

思考:

1. 在收集排开的液体的过程中,你有什么发现?

2. 你能想到什么?(学生会发现两边弹簧的指针的变化大致相等,他们会想到$F_浮$与$G_排$可能相等,这样就把$F_浮$与$G_排$联系起来)

实验设计:

1. 如何测量浮力的大小?

2. 如何测量排开的液体受到的重力?

3. 这个实验需要哪些器材?

4. 请你说出合理的实验顺序。

引导学生进行实验探究,记录数据。通过对多种物质(水、酒精、石块、铜块、铝块等)进行实验,探究$F_浮$与$G_排$之间的关系。

交流讨论：

1. 通过对这些数据的分析，你能得出什么结论？
2. 与其他小组进行交流，各组使用的物体和液体并不相同，实验结论是否相同？对于未全部浸入水中的物体，是否能得出相同的结论？
3. 通过对公式 $F_{浮}=G_{排}$ 进一步的推导，你有什么发现？

第三节 物体的浮与沉

物体的浮沉条件

物体浸在液体中会受到浮力，受重力和浮力作用（至少受到这两个力的作用）的物体会出现多种可能的运动状态，物体满足什么条件时会静止？满足什么条件时会上浮（下沉）？这需要结合实际的例子进行受力分析。

一、教学案例

［活动一］

通过观察松木球和铁球在水中的浮沉以及展示如图 9-17 所示的图片引入新课。

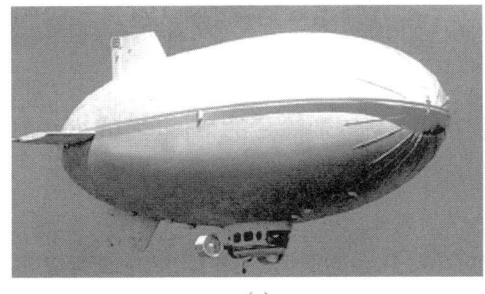
(a)

(b)

图 9-17

教师指出上浮、下沉、悬浮、漂浮四种现象。

如图9-18所示,利用带盖的玻璃瓶和水进行实验,研究物体的浮沉。

思考:

1. 玻璃瓶悬浮需要满足什么条件?

2. 怎样让玻璃瓶下沉? 请你说出方法和理由。

3. 怎样让玻璃瓶上浮? 请你说出方法和理由。

4. 结合以上实验及分析,请你总结出物体的浮沉条件。

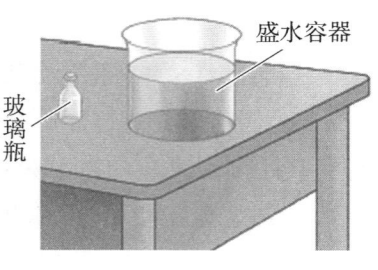

图9-18

二、案例评析

松木球和铁球的引入实验,不利于激发学生兴趣。对于物体的上浮、漂浮、悬浮、下沉等情况,学生缺少直观的感受。没有通过对比来辨析漂浮和悬浮、上浮和漂浮的概念,学生头脑中的原有认知没有得到充分体现,学生不能从本质上来认识物体的浮沉情况。对于浮沉条件的得出留给学生的思维空间较少,逻辑性不强,不利于培养学生的科学推理能力。

教学中可以通过"浮沉子"实验,自主控制物体在水中的浮沉来激发学生兴趣。通过学生辨析漂浮、悬浮、上浮,纠正学生头脑中的错误认识。引导学生利用不同方法来判断物体的浮沉,留给学生更多的空间,能较好地培养学生的科学思维能力。

三、教学建议

[活动一]

如图9-19所示,通过自制教具"浮沉子"引入新课,激发学生兴趣。

让学生举出物体在液体或空气中上浮、下沉、静止的事例,交流讨论:

1. 漂浮和悬浮有什么区别?

2. 上浮和漂浮又有什么区别?

利用带盖的玻璃瓶和水进行实验,思考悬浮所需要满足的条件,尝试改变玻璃瓶的下沉或上浮,并说出依据。

思考:

1. 玻璃瓶的浮沉改变,实质上是改变了哪个力的大小? 上浮的玻璃瓶露出水面后最终可以漂浮,分析其原因。

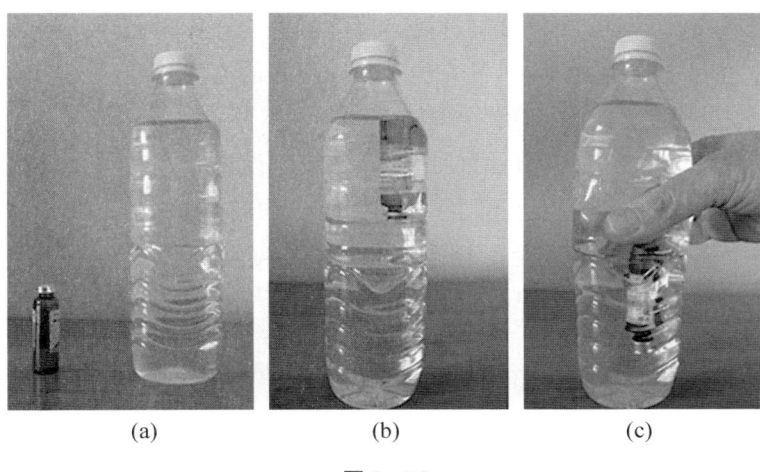

图 9-19

2. 结合以上实验及分析,请你总结出物体的浮沉条件。

3. 请你对物体的浮沉条件进一步推导,能否得到利用物体密度和液体密度的大小来判断物体浮沉的方法?

浮沉条件的应用

学习了物体浮沉条件的知识,学生要分析生活中物体浮沉的实例,理解实现物体浮沉的方法,解决生活中的实际问题。

一、教学案例

[活动二]

1. 让学生观察如图 9-20 所示的密度计,认识密度计的刻度与其他测量工具的不同。

2. 播放盐水选种和潜水艇浮沉的视频,让学生认识物理和生活的联系。

二、案例评析

以上案例过于注重知识的传授,缺少情境创

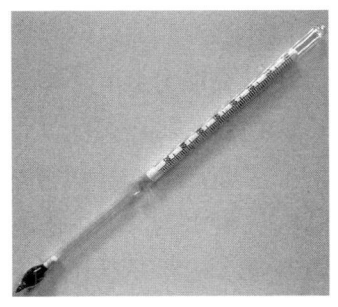

图 9-20

设,不能较好地从生活走向物理,忽视了对学生科学素养的提升。对于密度计、盐水选种、潜水艇的浮沉分析,没有给予学生更多的空间,没有让学生发表自己的见解,不利于培养学生的科学推理能力。

可以利用学生熟悉的钓鱼时使用的浮漂来创设情境,引导学生观察同一浮漂在不同液体中的情况,找出不同和相同之处,分析其中原因。在比较两种情况下的浮力大小时,鼓励学生发表不同见解,敢于质疑,培养学生分析、解决问题的能力,帮助学生养成严谨的思维习惯。

三、教学建议

［活动二］

把如图9-21所示的浮漂分别放在水和酒精中,让学生观察其中的不同,讨论浮漂在不同的液体中所受的浮力是否相同,说出理由。

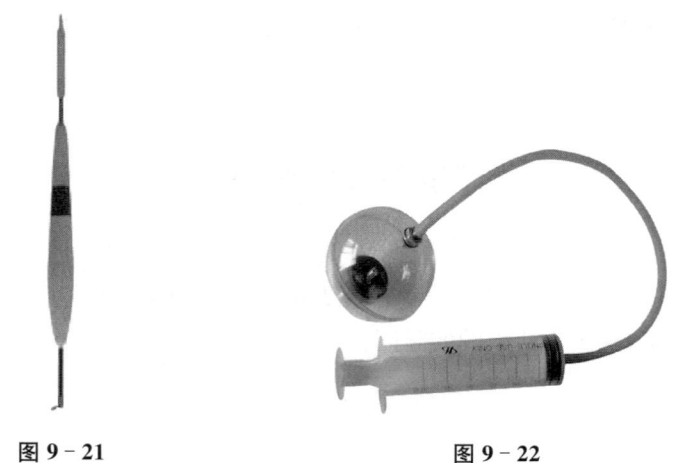

图9-21　　　　　　　　图9-22

思考:

1. 你能否利用浮漂来制作测量液体密度的工具,请说出你的做法。
2. 对比其他测量工具,密度计上的刻度有何不同之处,你能解释其中的原因吗?
3. 观察盐水选种实验,思考什么样的种子会漂浮,什么样的种子会下沉?为什么?
4. 潜水艇采用什么样的方法实现下潜、悬浮或上浮?利用如图9-22所示的器材试一试,依据浮沉条件分析其原因。
5. 孔明灯点燃后为什么能飞到高空?

第十章 机械与人

本章较充分地体现了课程标准中提出的"从生活走向物理,从物理走向社会"、注重科学探究、提倡教学方式多样化等基本理念。教师要认真吸纳这些理念,并将这些理念转化为教学行为。本章内容是从探究简单机械的作用出发,引出功、功率和机械效率等概念,最后介绍了合理利用机械能的内容。

第一节 科学探究：杠杆的平衡条件

认识杠杆

生活中有各种各样的杠杆，但其基本的结构是一样的。本节需要学生对各式各样的杠杆进行抽象概括，归纳出杠杆起决定作用的部分，认识到杠杆工作的本质。

一、教学案例

课前由学生自己准备钳子、扳手、剪刀、镊子、核桃钳等一些常见工具，也可以由教师将这些工具分组提供给学生。

[活动一]

1. 请同学们使用这些工具，找一找它们有什么共同特征?

2. 结合如图 10-1 所示的撬石头的示意图，阅读教材，理解杠杆的定义。

3. 认识什么是支点 O、动力 F_1、阻力 F_2、动力臂 l_1、阻力臂 l_2。在图 10-1 中画出支点 O、动力 F_1、阻力 F_2、动力臂 l_1、阻力臂 l_2，并与其他同学交流。

4. 完成课后或练习册中有关力臂作图的练习。

图 10-1

二、案例评析

"绝大部分物理学是从现象中来的，现象是物理学的根源。"杠杆概念的建构源于现象、源于生活实际。教师引导学生在亲身实验、观察之后，通过交流、讨论寻找这些工具的共同特征。在归纳共同特征的基础上，分析工人撬石头的情境，应用科学抽象的方法建构杠杆的概念。这里，应用了突出主要因素、忽略次要因素的模型建构方法和由个别到一般的归纳推理方法，这些方法有利于培养学生的科学思维能力。

在解读杠杆的概念中认识到支点、动力、阻力三个要素是合理的,但为什么要引入动力臂、阻力臂呢?学生不知道杠杆存在平衡问题,更不知道杠杆的平衡与力臂有关,所以学生会对学习力臂,尤其是还要那么严格地进行力臂作图感到茫然。面对这一难点,学生会认为是自己的理解有问题,不会想到是教师的教学设计有问题,可能有些教师也这样认为。

建构支点、动力、阻力三个要素后,向学生展示两个平衡的杠杆,让学生认识支点到动力作用线的距离会影响力的作用效果。从学生已有的经验和认知水平出发,通过活动的设计,重视物理概念及模型的构建过程,促进学生对抽象概念的理解,引导学生在问题解决中提升能力,发展核心素养。

三、教学建议

[活动一]

1. 如图 10-2(a)所示,利用所给器材撬起重物。阅读教材,理解杠杆的定义,并确定支点 O、动力 F_1 和阻力 F_2。

2. 体验:如图 10-2(b)所示,动力作用的位置不一样,使用的动力大小一样吗?

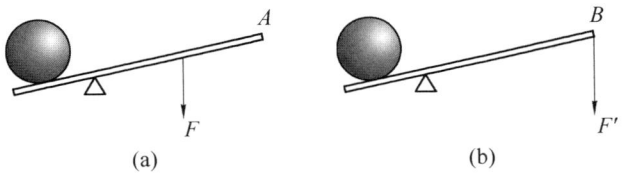

图 10-2

分析可知:杠杆转动的效果还与动力距离支点的距离有关,物理上把这段距离叫力臂。

3. 对比图 10-3 所示的两个杠杆的平衡,在使用相同的重物使杠杆平衡

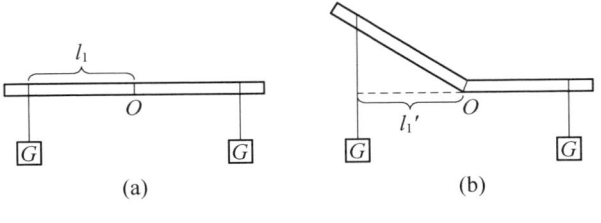

图 10-3

时，l_1 与 l_1' 是相等的。有了支点、动力和阻力这些要素，还不能确定杠杆的转动情况，还需引出支点到力的作用线这个要素。

杠杆的平衡

探究杠杆平衡的条件是本节的重点内容，也是学生必做的实验。

一、教学案例

［活动二］

提出问题：什么是杠杆平衡？杠杆平衡需要什么条件？

猜想：鼓励学生提出各种猜想与假设，即杠杆平衡时动力、动力臂、阻力、阻力臂之间存在怎样的关系？

实验：在交流讨论的基础上进行实验，选择直的、弯的等多种杠杆，尽量采用竖直、倾斜等多种方式施力，以便使结论具有普遍性。

交流：对通过实验得不出平衡条件的学生，要组织他们充分讨论与交流，引导他们分析实验过程，找出错误所在或误差过大的原因。

评估：在进行定量实验分析时，应考虑杠杆自重对实验产生的影响。

二、案例评析

教师在教学中引导学生通过实验探究杠杆的平衡条件，让学生经历提出物理问题、形成猜想和假设、设计探究活动、获取和处理信息、基于证据得出结论并作出解释、对实验探究过程和结果进行交流、评估、反思等过程，有利于在实验中培养学生的科学态度和实事求是的精神。但是，此处的探究仍然存在表面化和形式化的倾向，主要表现为：（1）由于刚刚接触"力臂"的概念，对它们的认识还很生疏，所以让学生猜想"杠杆平衡与动力、动力臂、阻力、阻力臂之间存在关系"带有教师的倾向性意见，有些形式化；（2）实验时使用直的、弯的等多种杠杆，采用竖直、倾斜等多种施力方式，这些表面上看是为了使结论具有普遍性，实际上是为了凸显影响杠杆平衡的因素不是支点到力的作用点的距离，而是支点到力的作用线的距离，即力臂影响杠杆平衡，这是在弥补强行灌输力臂概念的不足。

这种探究只要按照教师的设计进行操作即可，学生也不会在探究中走弯路，探究自然有些表面化。其实,人们在通过观察和研究杠杆的平衡条件过程中,逐步发现影响杠杆平衡的并不是支点到力的作用点的距离,而是支点到力的作用线的距离,在此基础上人们才开始认识力臂、定义力臂,研究力臂对杠杆平衡的影响。在探究活动中,引导学生思考为什么要通过表格记录杠杆平衡时不同的动力、动力臂与阻力、阻力臂的数值,通过分析数据寻找定量关系——动力与阻力不同时,动力臂与阻力臂也不同,但动力与动力臂的乘积等于阻力与阻力臂的乘积。组织学生根据数据归纳出杠杆的平衡条件,讨论分析个别数据存在问题的原因,分享更多数据,找到普遍规律。这种从认知的起点出发,按照知识的形成过程逐步发现的思维才是符合学生认知规律的,才有助于培养学生的科学思维,进而提升学生的核心素养。

三、教学建议

[活动二]

提出问题：杠杆在满足什么条件时才会平衡呢？

小组合作探究：1. 调节平衡螺母,使杠杆在水平位置平衡,如图 10-4 所示。

2. 杠杆两端挂上不同数量的钩码,移动钩码位置,使杠杆平衡,并记录在表格中。

3. 改变阻力和阻力臂的大小,相应调节动力和动力臂多次实验。

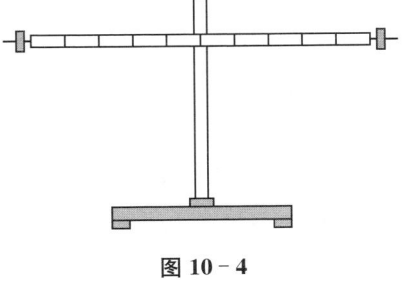

图 10-4

交流与分析：小组间分享数据,得出杠杆的平衡条件。

思考：1. 为什么要调节杠杆在水平位置平衡？

2. 多次实验的目的是什么？

进一步实验探究：探究杠杆的平衡条件。如图 10-5 所示,当将两个钩码挂在 A 点、一个钩码挂在 B 点时,杠杆处于平衡状态,符合得出的杠杆平衡条件；保持 A 点钩码不变,将挂在 B 点的钩码改挂在 C 点、D 点时,杠杆仍然处于平衡状态,而 $OB \neq OC \neq OD$,为什么杠杆仍然能处于平衡状态

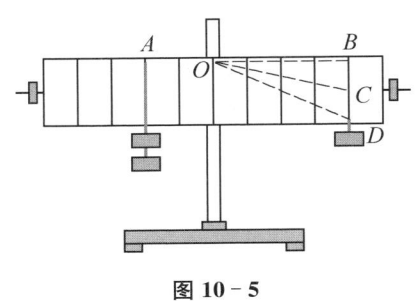

图 10-5

呢？组织小组讨论。

建构概念：当发现影响杠杆平衡的不是支点到力的作用点的距离，而是支点到力的作用线的距离时，共同建构力臂的概念。

质疑创新：修正刚才的结论，建构适用于各种杠杆的普遍规律。

杠杆的应用

学习了杠杆的平衡条件，进一步分析生活中的杠杆实例，归纳出生活中的三类杠杆。

一、教学案例

[活动三]

简介我国劳动人民在生产生活中对杠杆的应用；对生活中的杠杆进行分类，得出三种类型的杠杆及特征。

二、案例评析

弄清三种类型的杠杆及特征是"杠杆的应用"的重点，但不应该只注重掌握这部分知识，比掌握知识更重要的是认识事物的一种科学方法——分类法。

充分利用前面探究杠杆平衡条件时得到的数据，引导学生进行分析得出三种类型杠杆。锻炼学生获取与处理信息的能力，基于证据得出结论和作出解释，并能够将其应用于生活和进行创新，使学生学科素养得到提升。

三、教学建议

[活动三]

1. 下表是探究杠杆平衡条件时记录的数据。

实验序号 \ 数据	F_1/N	F_2/N	l_1/cm	l_2/cm
1	1.5	2	20	15
2	3	2	10	15

(续 表)

实验序号 \ 数据	F_1/N	F_2/N	l_1/cm	l_2/cm
3	2	1	10	20
4	1	1	10	10
5	0.5	1	10	5
6	3	1	5	15

讨论：(1) 分析实验 1 和 5 两组数据中的 l_1 和 l_2 的长短，发现 F_1 和 F_2 的大小有何关系？

(2) 对比实验 2、3 和 6 三组数据，又有何发现？引导学生分析得到三种类型的杠杆。

2. 列举生活中应用杠杆的事例，并说出它属于哪一类杠杆？

3. 就下面某一专题进行调查研究，写一篇调查报告。

(1) 人体中的杠杆。

(2) 自行车中的杠杆。

(3) 厨房中的杠杆。

(4) 中国古代的杠杆。

第二节　滑轮及其应用

定滑轮和动滑轮

滑轮是人们经常使用的简单机械，定滑轮和动滑轮在生活中的应用都很广泛，学习定滑轮和动滑轮的结构和原理，将有利于在生活中解决实际问题。

一、教学案例

[活动一]

观看以下视频：

1. 使用滑轮将五星红旗升到旗杆顶端。
2. 使用起重机提升重物。

思考：生活中哪些地方用到了滑轮，了解应用滑轮的好处。

小组合作交流：定滑轮和动滑轮的概念。

小组实验探究：使用两种方案将钩码提升一定高度，并把相应的数据填入下表。通过实验探究，认识定滑轮、动滑轮的作用和实质。

钩码重 G/N	拉力大小 F/N	钩码运动方向	拉力方向	装 置 图
				定滑轮装置图
				动滑轮装置图

[活动二]

使用滑轮时可以把它看作一个杠杆，请在图10-6中分别标出滑轮的支点、动力、阻力、动力臂和阻力臂。

思考：

利用杠杆平衡条件，推导出用定滑轮和动滑轮匀速提升物体时拉力 F 和物重 G 的关系。

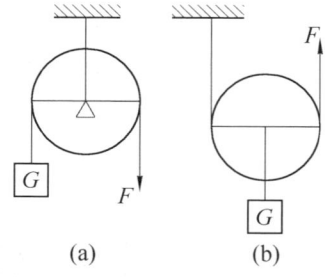

图 10-6

二、案例评析

在以上教学过程中，教师先让学生观察、了解滑轮的构造，然后将学生分成几个小组，每组重点探究其中一项内容，并向全班同学汇报探究结论。探究活动展开，学生填表对比，得到实验探究结论。在学生讨论交流以后，教师引导学生认识滑轮的实质是杠杆，用杠杆平衡条件分析出定滑轮不省力和动滑轮省一半力的原因。

存在问题：这种实验探究是教师为学生准备的探究活动，目的性强，教学效果好,操作环节少,教师为学生准备好实验方案,学生按部就班做,动手能力一般的同学都能得到实验结果。学生在这种情境下学习滑轮,缺少了模型建构的认识手段和思维方式。学生应根据研究问题和具体的生活情境,抓住滑轮的关键要素,加深对定滑轮和动滑轮概念、研究过程和系统的理解,形成系统思维。

三、教学建议

[活动一]

1. 创设情境:班级中的某位同学在科技馆游玩时,利用滑轮把自己提升了一定高度。

2. 学生分成几个小组共同认识滑轮,结合生活中常见的滑轮,了解应用滑轮的好处。

3. 学生设计实验通过一个滑轮来提升重物,并把相应的数据填入下表,然后找出定滑轮和动滑轮的区别。随后探究定滑轮和动滑轮各自的作用。

钩码重 G/N	拉力大小 F/N	钩码运动方向	拉力方向	装置图
				自主设计
				自主设计

滑轮组

将几个定滑轮与动滑轮按照一定的方式组合起来组成滑轮组,既解决了定滑轮不能改变力的方向的缺陷,又能达到省力效果,因此,滑轮组在生活中倍受大家的喜爱。

一、教学案例

[活动三]
小组内组装滑轮组并探究滑轮组的省力情况。
把一个定滑轮和动滑轮组合成滑轮组,我们可以设计出几种方式?动手画出你的方案。

二、案例评析

学习小组先通过实验直观认识滑轮组的作用,再利用前面学习的知识分析滑轮组省力的实质。这样的处理方式既能合理地建构知识,同时也培养了学生科学思维、动手动脑、探究实践等多种能力,对提升学生的学科素养会有较大帮助。学生在小组内自主设计实验,完成对滑轮组的探究,在交流合作和质疑中不断完善方案,学生从多个环节收获成功的喜悦,也会更喜欢自己做主的物理课堂。

三、教学建议

[活动二]

请同学们继续欣赏班上的某位同学在科技馆使用滑轮组提升自己的视频片段。同学们在视频中发现滑轮组上标识了"$n=5$""$n=9$""$n=11$"等字样,随后察觉到这位同学在不同的滑轮组上提升自己时用力不相同。在兴趣和求知欲的驱动下,学生动手设计、组装滑轮组,并探究滑轮组的省力情况。

组内交流实验目的并设计探究活动,探究滑轮组的作用。

第三节 做功了吗

机械功

功的概念比较抽象,学生不仅需要掌握功的定义和公式,还要理解引入功的目的,同时可以借助事例认识到力与距离的乘积的意义,方可真正认识功。

一、教学案例

[活动一]

1. 利用弹簧测力计直接提升重物 G 上升高度 h。

2. 利用定滑轮提升重物 G 上升高度 h。

3. 利用动滑轮提升重物 G 上升高度 h。

思考：

1. 上述实例中，拉力 F 的大小各是多少？拉力作用点的移动距离 s 各是多少？分别计算 F 与 s 的乘积各是多少？

2. 在各种提升物体的方法中，上述乘积有何特点？

3. 阅读教材相关内容，认识机械功。

二、案例评析

在以上教学过程中，以教学化情境创设和问题引领，帮助学生建构功的概念，是一种"学生体验＋问题引领"的教学模式。其优点比较突出，例如"功"的概念建构路径清晰，教学引导针对性强，学生只要完成以上几个操作，思考教师提出的三个问题，就能很顺畅地建构功的概念，节约教学时间，不走弯路。

上述教学案例的不妥之处也非常明显，例如这种设计是教师基于对教学目标的解读，为学生精心设计的"建构"路径。很显然，这种经过"深加工"的情境只属于"教学"，不属于"生活"。学生在这种情境下建构"功"的概念，缺少了从物理学的视角对真实情境的观察和解读，对情境中信息的提取、筛选等关键能力也将无法得到训练。提供的情境过于精细而不经过"加工"，学生的思维得不到"伸展"，不利于核心素养的提升。

提升学科核心素养，需要将教学化情境转向生活中真实的问题情境。可以设计学生超市购物的情境，这个活动虽然简单，但活动来源于生活。学生可以共同参与，既培养了合作意识，又让学生的注意力集中到一个关键事件中，即把一些货物搬运一定距离。学生结合刚才的体验，从物理学的视角分析本人和其他同学在搬运过程中所做的功效，对真实情境中的信息进行"加工"，经历"观察""提取""抽象""概括"等关键能力的训练，通过同学之间的交流，学生会经历"质疑""矫正""整合""认同"等思维活动，在头脑中建构起"功是力跟物体在力的方向上通过距离的乘积"这一概念模型。

三、教学建议

［活动一］

创设情境：让同学们扮演超市顾客。

1. 把一袋大米从地面提到收银台上。

2. 把一辆小车推动一段距离。

提出问题：第一种情境中，是哪个力对大米的举高有了"贡献"，取得了成效？第二种情境中，是哪个力对小车的移动有了"贡献"，取得了成效？

总结分析：力和物体在力的方向上移动距离的乘积是一个有意义的物理量，可以评价功效，引入机械功的概念。

怎样才算做功

怎样才算做功，应在介绍了机械功的概念后，通过大量事例让学生认识做功的必要因素，并引导学生进行体验。

一、教学案例

[活动二]

提出问题：根据教材第 196 页图 10－24(b)、图 10－24(c)所示的两个做功的实例和图 10－24(a)所示的一个没有做功的实例，结合机械功的定义分析：

1. 教材图 10－24(b)和图 10－24(c)所示的实例有什么相同之处？

2. 教材图 10－24(a)与图 10－24(b)、图 10－24(c)所示的实例有什么不同之处？

思考讨论：一个物体对另一个物体做功必须具备什么条件？

由此得出做功的两个必要因素：力和在力的方向上通过的距离。

二、案例评析

在教师的问题引领下，学生对图片进行分析归纳，很容易总结出做功的两个必要因素：力和在力的方向上通过的距离。由于图片对比清晰，问题又经过精心设计，学生不太需要观察、思考和筛选，就可以归纳出两个必要因素。虽然建构了知识，但没有了学科思维训练，核心素养提升的机会也就此消失了。

如果让学生重新回顾刚才的超市购物情境，当顾客拎着商品在超市里走动时，排队等待结账时，从购物篮里把商品拿到收银台上时，又或者是不小心绊了一跤后把购物篮里的商品抛在空中时，人对商品都做功了吗？学生会结合体验重新提取信息，商品在人的手里经历了水平移动、静止、竖直移动和抛在空中等物理过程,而人对商品的力始终竖直向上(除了抛在空中时),进行信息"加工",梳理出做功的两个必要因素。这样既建构了知识,又培养了观察、提取、归纳能力,对提升学生的学科素养会有很大帮助。

三、教学建议

[活动二]

回顾超市购物的情境,可能会遇到以下情形:

1. 顾客拎着商品在超市里走动。
2. 拎着商品排队等待结账。
3. 从购物篮里把商品拿到收银台上。
4. 不小心绊了一跤后把购物篮里的商品抛在空中。

思考并讨论:在以上几种情形下,商品在人的手里经历了哪些物理过程?手对商品施加的力又分别是怎样的?人对商品都做功了吗?

总结分析:有力并且有在力的方向上通过的距离,才算做功。

怎样计算功

虽然功的定义已经给出了功的计算公式,但要让学生真正理解怎样计算功,以及体会功的单位"焦耳",需要结合大量的事例。

一、教学案例

[活动三]

阅读教材第196~197页"怎样计算功",并完成下面内容:

1. 用手将4个鸡蛋举高1 m,请估算手对鸡蛋做的功。
2. 在水平地面上,小明用50 N的水平推力推动100 N的箱子前进10 m,小明做了多少功?如果把这个箱子匀速举高1 m,他做了多少功?

二、案例评析

以上教学案例,只是通过对教材的阅读分析,理解功的计算公式、单位和意义,学生完全是在接受前人的经验,并没有经历个人的思考与构建,核心素养提升的机会也就减少了。

教师可以让学生继续回顾刚才的情境,结合新的问题进行思考,从问题中构建计算方法,导入功的单位及意义。联系生活,创设学生熟悉的情境,启发并引导学生对真实情境中的问题进行思维加工,概括它们共同的特征,归纳总结出一般性的规律。这样既建构了知识,又培养了观察、抽象的能力,有利于提升学生的学科素养。

三、教学建议

[活动三]

回顾超市购物的情境,假如经历了以下情形:

1. 把一瓶矿泉水从地面放到离地一层的货架上。
2. 把两瓶矿泉水从地面放到离地一层的货架上。
3. 把两瓶矿泉水从地面放到离地两层的货架上。

提出问题:

1. 以上哪种情况下做的功最多?怎样比较?
2. 如果把两瓶矿泉水从地面放到离地三层的货架上,如何与前面几次比较做功多少?

总结分析:功的计算方法为力与物体在力的方向上通过距离的乘积,为方便比较不同过程做的功,物理量应统一为国际单位,功的国际单位应为 $N \cdot m$。

补充介绍:为了纪念焦耳对物理学的贡献,人们用他的名字命名功的单位,即 $1 J = 1 N \cdot m$。

第四节 做功的快慢

做功的快慢

无论是人做功,还是机械做功,都有快与慢的问题。通过分析实例,让学生认识到做功有快慢,总结出判断做功快慢的方法。功率的概念是本节的重点,功率的单位是本节的难点。

一、教学案例

[活动一]

1. 展示人和挖掘机在挖土的图片,引出做功不仅有多少而且做功有快慢。

2. 展示起重机和人搬相同数量的砖的图片;拖拉机和牛都耕一天地的图片。

总结:做功相同,比较时间,时间短的做功快;做功时间相等,比较做功多少,做功多的做功快。

3. 展示爷爷和孙女爬相同楼梯的图片。引导学生观察出做功不同,做功时间也不同,从而引入功率的概念及公式。

4. 例题:大石头质量为 6 t,起重机的吊钩在 15 s 内将大石头匀速提升了 1 m,起重机提升大石头的功率是多少?

二、案例评析

1. 用活动引入新课,学生都会很感兴趣,认识到原来生活中还包含这么多的科学知识。让学生感受到物理不仅仅有公式,还有生活中的各种现象。将科学探究与科学思维有机结合,学生也具有参与探究的内在动机和兴趣,这就具备了重要的科学素养基础。

2. 通过科学探究的方式,运用分析、比较及抽象概括的思维方法来总结物理概念。培养学生生活中的好奇心,以及基于现象分析本质,能够提出自己见解的科学态度。

3. 学生通过处理生活中的具体事情来获得经验,从做功、比较做功快慢的方法和概括功率概念这一完整的科学探究过程,将运用的方法迁移到物理视角中,并基于经验事实建构物理模型。增强理论概括能力,初步建立物理观念。

4. 通过图片中的事例引入功率概念的设计过于简单,没能充分利用具体问题激发学生的认知和锻炼学生的科学思维。

三、教学建议

[活动一]

1. 甲、乙两位同学比赛:地上有 20 瓶矿泉水,要把它们搬运到讲台上,看哪位同学先完成。

2. 阅读教材,了解功率。

3. 交流与合作：想要计算两位同学搬运的功率，需要知道哪些物理量？如何测量？

第五节 机械效率

什么是机械效率

使用机械做功，方便了人们的生活，提高了工作效率。机械做功时，也存在效率的问题。了解机械效率，知道影响机械效率大小的因素，将有助于改善机械的使用效率。

一、教学案例

[活动一]

创设情境：小明家最近买了一处新房，想装修一下，需把重为 100 N 的沙子运到三楼。图 10-7 是运送沙子的三种办法。

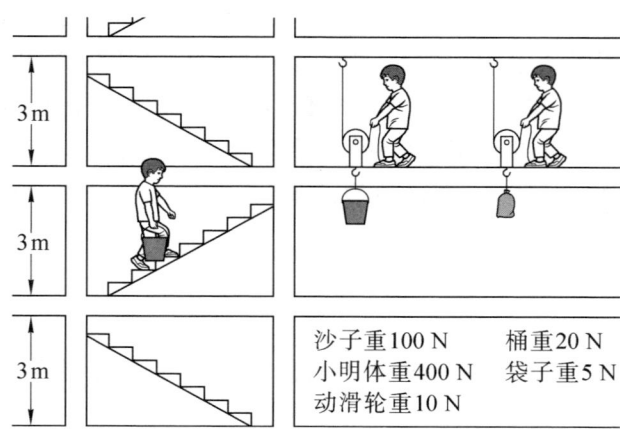

图 10-7

问题引领：观察图 10-7，从做功的角度分析，哪种办法最好？哪种办法最不好？为什么？

教师指导学生进行分组讨论并积极引导，对每种方案认真分析，找出优劣，引出"机械效率"。然后让学生自学教材，学习"有用功""额外功""总功""机械效率"等内容。

二、案例评析

以上教学过程中教师创设情境并通过问题引领，帮助学生建构机械效率的概念。但设置的物理情境脱离了学生的生活实际，多数学生并没有这样的生活体验。如果不让学生实际操作体验，仅仅分析图片中的问题和自学教材的内容，机械效率概念的构建在学生头脑中不会形成清晰的模型，不利于发展学生的科学思维能力。

物理学科核心素养的第一个方面是物理观念，物理观念是物理概念和规律等在头脑中的提炼与升华。为了使学生建立一个完整的机械效率概念模型，必须让学生参与其中，并有切身体验，才能基于体验事实构建物理模型，理解抽象的物理概念。应在学生实验体验的前提下，以问题为引领，学生通过思考、交流、计算、对比分析，发现问题，找到原因，从而在头脑中建立清晰的"机械效率"的概念，并且体会机械效率一定小于1。在学生的交流合作中，锻炼学生的合作交流意识、科学思维能力和尊重事实、严谨治学的科学态度。

三、教学建议

［活动一］

小组合作，进行下列实验并思考：

1. 直接将钩码匀速提升一定高度，计算拉力做的功。

2. 使用滑轮组将同样的钩码提升相同高度，计算拉力做的功。将数据记录在下表中。

用手直接提升物体做功			使用滑轮组提升物体做功		
钩码的重力 G/N	重物被提升的高度 h/m	做功 W_1/J	拉绳子的力 F/N	弹簧测力计移动的距离 s/m	拉绳子做的功 W_2/J

思考：

1. 两次拉力所做的功是否相同？你能分析其中的原因吗？
2. 阅读教材，指出实验中的有用功、额外功、总功，并分别进行计算。
3. 计算实验中滑轮组的机械效率。
4. 联系生活实际，思考机械效率是否能达到100%？

机械效率总是一定的吗

一种机械的效率是否相同？很少有学生会质疑。需要结合具体的数据进行分析。

一、教学案例

［活动二］

小组合作，进行下列实验并思考：

1. 测算滑轮组机械效率的理论依据（原理）是什么？
2. 根据测算原理，实验需要测量哪些物理量？这些物理量如何测量？
3. 按图10-8的方式组装滑轮组，分别将甲、乙两组钩码提起，将所测数据填在下表中。

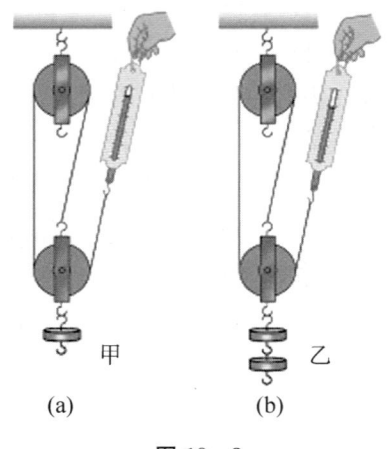

图10-8

钩码重 G/N	钩码被提升的高度 h/m	有用功 $W_{有用}$/J	拉力 F/N	绳端移动的距离 s/m	总功 $W_{总}$/J	机械效率 η

4. 两次测算的机械效率是否相等？若不相等，你能说出其原因吗？

二、案例评析

在以上教学设计中，学生通过测量和数据分析，寻找影响滑轮组机械效率的因素。这种设计似乎便于操作,且通过小组合作,学生课堂参与度高。但是,这种设定模式限制了学生的思考,不利于培养学生的科学探究能力,且学生经历的探究过程是不完整、思路不清晰的。再者,实验数据也过于单一,不利于学生寻找规律,缺乏与社会生活的衔接,不能培养学生利用物理知识解决实际问题的意识。

因此,教师应让学生经历一个完整的科学探究过程,并为学生提供探究式学习的机会,培养学生的科学探究能力。通过提出问题,针对学生对问题的猜想,设计和进行实验,解决学生急于解决的问题,激发学生强烈的求知欲望。通过对实验获得的多组数据进行分析处理,逐步锻炼学生分析科学信息的能力。在分组实验的过程中,逐步培养学生的交流与合作的能力,形成尊重事实、善于质疑的科学态度。让学生结合实验结论,谈一谈提高机械效率的方法,理论联系实际,培养学生利用物理知识解决实际问题的意识和能力,提升学生的社会责任感。

三、教学建议

[活动二]

提出问题:机械效率总是一定的吗?滑轮组的机械效率可能与什么因素有关?

猜想:物重、滑轮重、物体上升高度、绕线方式、摩擦等因素可能影响滑轮组的机械效率。

设计实验,思考讨论:

1. 测算滑轮组机械效率的理论依据(原理)是什么?
2. 根据测算原理,实验需要测量哪些物理量?如何测量这些物理量?

进行实验:全班分成甲、乙、丙三组,分别按如图 10-9 所示的三种方式组

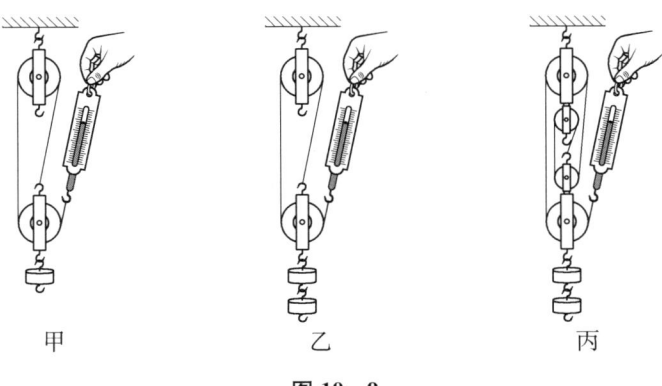

图 10-9

装滑轮组,提升钩码,并分别将所测数据填在表格中。

数据 小组	钩码重 G/N	钩码被提升的 高度 h/m	有用功 $W_{有用}/J$	拉力 F/N	绳端移动的 距离 s/m	总功 $W_{总}/J$	机械 效率 η
甲							
乙							
丙							

分析论证:

通过以上实验,对比各个小组的测量结果,你认为滑轮组的机械效率与哪些因素有关? 与哪些因素无关? 如何提高滑轮组的机械效率?

第六节 合理利用机械能

动 能

运动的物体能够做功,物理学中认为物体由于运动具有的能叫做动能。结合具体的实例分析物体的动能。

一、教学案例

[活动一]

观察如图 10-10 中的几幅图,思考下列问题。

1. 流水、风、重锤和张开的弓对外做功了吗? 你的理由是什么?

2. 流动的水、流动的空气、运动的重锤、射出的箭等物体都能够做功,它们有什么共同点?

第十章 机械与人

图 10-10

二、案例评析

在以上教学过程中,通过实例说明能够对外做功的物体具有能量,然后再归纳具有能量的物体的共同点,顺势得出运动的物体具有动能。但物理的学习应该建立在学生的认知基础之上,离开实际生活,学生缺乏感知的灵感;离开实际问题,会抹杀学生学习的兴趣。所以,探究应该基于事实提出问题,培养学生在真实情境下提出问题、解决问题的能力,在引入课题时需要基于生活实际提出问题供学生探讨,激发学生探究的兴趣。

三、教学建议

[活动一]

播放小鸟撞击飞机相关事件的视频。

提出问题:

1. 为什么小鸟撞击飞机会引发航空安全?

2. 你都知道哪些形式的能量？

3. 教师用多媒体播放射出的箭、运动的球、流动的水、子弹击穿木块、汽车撞击木栏等视频，并提出问题：它们有什么共同点？

4. 观察身边的物体还有哪些具有动能？

动能的大小跟哪些因素有关

影响动能的因素有哪些？一定与物体有关，也会与物体的运动有关，它们之间有怎样的关系？通过实验教学进行探究。

一、教学案例

［活动二］

1. 思考讨论：

（1）要研究动能的大小跟质量是否有关，应保持_____不变，改变_____，比较_____。

（2）要研究动能的大小跟速度是否有关，应保持_____不变，改变_____，比较_____。

（3）以上设计实验用到了什么方法？

2. 根据以上设计思路，利用相关实验器材，进行探究。

二、案例评析

在"动能的大小跟哪些因素有关"实验中采用了斜面来控制小车刚到达水平面时的速度，学生对此一般是被动接受。即使完成了本节的学习，"为什么一定要用斜面"这一疑问还会在不少学生头脑中呈现，所以可以采用其他方式化解学生的疑问。例如可以采用日常物品开展探究活动，让学生体会到初中物理实验探究并非遥不可及，促使学生大胆尝试，激发学生的学习兴趣，加深学生对教材实验设计的理解。

在研究物体动能的大小是否与物体的质量有关时，需要不同质量的物体速度相同。为了解决这一疑难，教师引导学生采用生活中的多种物品（如矿泉水瓶、易拉罐、木块、玩具小车等）作为研究对象，以纸盒、木块、茶叶盒等作为撞击对象。学生在利用这些实验器材来完成"探究物体动能大小与质量的关系"时会发现：难以控制不同质量的物体实现速度相同。如何解决这一问题呢？学生仔细阅读教材并分析讨论可知，质量不等的小车从斜坡的同一高度释放，运动到水平面时它们的速度相等。在实验中，培养学生根据实验目的设计实验方案，会正确使用器材收集实验数据、归纳总结，并锻炼团队合作交流的意识，发展学生核心素养。

三、教学建议

［活动二］

1. 观察图 10-11，结合生活经验，思考动能的大小可能跟哪些因素有关？并提出你的猜想。

图 10-11

2. 利用桌面并提供以下器材：大小不同的易拉罐、玩具车、长木板、小木块等，讨论如何探究动能大小与质量、速度的关系。

3. 每个实验小组之间交流展示，谈一谈遇到了什么困难，是如何解决的。

4. 思考：为什么在同样道路上对不同车型规定不一样的最高行驶速度？

重力势能

能量的概念比较抽象，单纯地引入能量学生较难理解。初中阶段的学生在头脑中建构能量模型有一定的难度。需要结合具体的情境，顺应学生的思维，通过大量的事例引导学生认识势能。

一、教学案例

［活动三］

观看两组图片，一组是高山上的巨石图片和平地上的石头图片，另一组是举高的夯锤和平地的夯锤图片。学生体会感受并认识重力势能。

二、案例评析

以上教学过程，以教学化情境创设和问题引领，帮助学生建构重力势能的概念，是一种"学生体验＋问题引领"的教学模式。其优点比较突出："势能"概念建构路径清晰，教学引导针对性强。学生只要完成以上活动，体会重力势能，就能很顺畅地"建构"起转化的概念，节约教学时间。

提升学科核心素养，需要由教学化情境转向生活中真实的问题情境。

三、教学建议

[活动三]

创设情境：铅球吊高和放在脚下。学生体会感受。

将吊高的铅球剪断，观察铅球陷入沙坑的深度，再与地上放置的铅球陷入沙坑的深度比较。学生通过真实感受和现象观察，认识重力势能。

重力势能的影响因素

物体由于受重力作用而做功，具有了重力势能。通过实验探究影响重力势能大小的因素。

一、教学案例

[活动四]

学生观察同一铅球从不同高度下落，铅球陷入沙坑的深度；学生观察不同质量的铅球从同一高度下落，铅球陷入沙坑的深度。

猜想：影响重力势能的因素可能是重力的大小和高度。

实验探究：

实验1：将小方桌置于沙坑的沙面上，同一个重物从不同高度自由下落冲击小方桌。

实验2：将小方桌置于沙坑的沙面上，从同一高度自由下落两个不同质量的重物,冲击小方桌。

问题引领：
1. 实验1中改变了什么因素？观察到了什么现象？说明了什么？
2. 实验2中改变了什么因素？实验现象发生了什么变化？说明了什么？

二、案例评析

教师直接给出实验器材,引导学生设计实验,学生缺少直观体验,不利于学生发挥创造性思维。这种设计脱离了学生实际,不能较好地培养学生的科学探究能力。可以借鉴前面"探究动能的影响因素"中的设计思路。

三、教学建议

［活动四］
创设情境：学生根据猜想自选器材,设计实验探究"重力势能的影响因素"。
提供的器材有：小石块、较大的石块、自制小方桌、钉子、纸盒、橡皮泥、沙子、海绵块、钩码、弹簧、钢球。

弹性势能

物体因弹性形变而具有的能叫做弹性势能。通过实验探究影响弹性势能大小的因素。

一、教学案例

［活动五］
活动体验：观看射箭比赛视频,认识弹性势能,猜想弹性势能的大小和哪些因素有关？

二、案例评析

提升学科核心素养,需要由教学化情境转向生活中真实的问题情境,可以设计活动让学生亲身参与。学生共同参与过、经历过、贡献过自己的一份力量,会有更强的代入感。

三、教学建议

[活动五]

班级内举行射箭比赛(箭为塑料制,箭头为吸盘)。赛后让学生思考如何把箭射得更远?

动能和势能的相互转化

能量的概念比较抽象,无法直接观察能量的相互转化,初中学生在头脑中建构"转化"的概念模型有一定的难度。需要结合具体的情境,顺应学生的思维,通过大量的事例引导学生归纳出动能和势能的相互转化。

一、教学案例

[活动六]

体验:竖直上抛一个乒乓球,针对乒乓球上升、下落这一事实来分析乒乓球动能和势能的相互转化。

实验探究:

实验1:滚摆实验;实验2:单摆实验;实验3:抛掷装置小实验。

问题引领:

1. 实验1和实验2的动能和重力势能是怎样变化的?
2. 实验3中的动能和弹性势能是怎样变化的?
3. 动能和重力势能、弹性势能的此消彼长说明了什么?

二、案例评析

以上教学过程,以教学化情境创设和问题引领,帮助学生建构能量相互转化的概念,其优点是:"转化"概念的建构路径清晰,教学引导针对性强,只要思考教师提出的三个问题,就能很顺畅地建构起"转化"的概念,节约教学时间。

不妥之处是:学生在这种情境下建构"转化"的概念,缺少了从物理学的视角对真实情境的观察和解读,对情境中信息的提取、筛选等关键能力无法得到训练。提供的情境过于精细得不到"加工",学生的思维被框定得不到"伸展",其核心素养的提升将无从谈起。

提升学科核心素养,需要由教学化情境转向生活中真实的问题情境。如图 10-12 所示,用绳子把铁锁悬挂起来。演示铁锁摆起来打破 A4 纸的情境,然后选一名同学把铁锁拿近他的鼻子,稳定后松手,让学生头不要动。铁锁向前摆去又摆回来,摆回时不会碰到学生的鼻子。在这个实验里,让学生结合刚才的体验,从物理学的视角分析铁锁的动能和重力势能的变化,分析机械能的总量是否保持不变,在与同学的交流中抽象重力势能和动能的相互转化。

图 10-12

三、教学建议

[活动六]

1. 创设情境:让学生做如图 10-12 所示的实验。

2. 提出问题:让学生根据情境,结合体验和生活经验谈谈铁锁摆动过程中重力势能、动能和机械能的大小变化及相互转化关系。

3. 结合生活中公园游乐场的蹦床,谈谈弹性势能、动能和机械能的相互转化关系。

4. 了解三峡大坝的发电原理,感受其为我国经济发展、生态保护、国家安全等方面做出的贡献。

第十一章
小粒子与大宇宙

学生对于探索微观世界和宇宙具有浓厚的兴趣，但这部分内容比较抽象，需要较强的想象力，所以教学方式应尽可能做到形象化，充分激发学生的想象力，这是完成本章教学的关键。

第一节　走进微观

自然的尺度

从无垠的宇宙到微小的基本粒子,物质以各种各样的形态展现着。科学家们永远也不会停止探索物质奥秘的脚步。

一、教学案例

[活动一]

教师讲授:宇宙万物,变化万千,大到天体,小到原子,它们的运动,它们的组成,引发了人类无限的遐想,激发了一代代科学家对它们进行观察和研究。那么,这绚丽的世界到底是由什么组成的呢?现在我们就对这一问题进行初步探讨。

二、案例评析

教师仅仅对课文进行复述,学生会感到索然无味、毫无激情,没有由浅及深的理解过程。如果问题设计的难度大,学生不知道怎么回答,课堂上容易形成压抑的气氛,不利于激发学生的学习兴趣。

内容的引入可以借助多媒体来展示无垠的宇宙和微观领域的神奇奥妙,激发学生爱科学、用科学的欲望,然后提出问题。这是在物理情境基础上的思考,不仅激发了兴趣,并且提供了创造性思维的空间,也培养了学生的发散思维。

三、教学建议

[活动一]

通过视频了解浩瀚的星空、远飞的大雁、微小的病毒,从而认识自然界的神奇,直观了解自然界物质的尺度。

讨论思考:

1. 亲眼见过和认知范围内最大的物体、最小的物体分别是什么?
2. 目前,人类能观测到的最远的距离和最小的尺度各是多少?
3. 宇宙万物,变化万千,大到天体,小到原子,它们的运动与组成,激发了一代代科学家进行观察和研究。这绚丽的世界到底是由什么组成的?

物质的组成

物质是由什么组成的?人们一直在探寻着这个问题的答案。通过学习,了解自然界中物质的组成,应用学到的知识解释生活中的一些自然现象。

一、教学案例

[活动二]

学生小组内部讨论交流并思考:我们周围存在着各种各样的物质,物质是由什么组成的呢?

教师结合教材的内容描述分子的大小,然后播放收集的影像资料,说明分子和原子的尺度数据,再通过一些形象化的计算,使学生更深一层体会微观世界"小"的程度。

二、案例评析

对于这一部分知识,学生已有一定的认识。通过影像资料学习也只是概念性知识的重复呈现,这属于是"给"学生的,并不是通过学生自主学习获得的,学生缺少独立思考的过程,所以无法充分调动学生的问题意识,当然也就起不到提升学生核心素养的作用。

概念性的知识和物理学史的内容可以让学生通过自学的方式学习,教师将自主学习的内容用问题的形式展示给学生。学生通过自主学习、理解基础知识、发现问题并初步解决问题,为能力的培养和价值观的形成奠定基础,然后学生从阅读中获取信息,进行以思考、讨论为主的主动学习,培养自主学习的能力,使得学生在合作中学会倾听和表达,同时也培养了团结协作的精神。

三、教学建议

[活动二]

带领学生一起交流讨论：

1. 《庄子·天下》中有一句名言："一尺之棰，日取其半，万世不竭"。请谈谈你的理解。

2. 撕纸游戏：把纸条尽可能撕成最小的碎片。

3. 阅读教材相关内容，小组合作学习，了解自然界里的所有物质都是由最小的微粒组成的，思考问题：什么是分子？分子是在什么时间由谁发现的？

4. 观察教材图片，了解分子的结构图像、放大后的硅原子的表面图像、DNA生物大分子结构示意图、龟裂的土地，思考问题：干旱的田龟裂为土块，土块可碎成细泥，细泥又碎为沙尘，沙尘还能继续分裂吗？沙尘随风飘散，会消失得无影无踪吗？

微观粒子

对微观世界的认识从未停止。科学家们通过研究微观粒子的组成，不断探索微观世界的奥秘。

一、教学案例

[活动三]

学生结合教材第216～217页，图11-7所示水分子模型、图11-10所示原子核式结构模型和图11-11所示原子核结构示意图，可以得到什么结论？

二、案例评析

学生能看懂看明白的，教师没必要讲得面面俱到，这样让学生感觉课堂虽然很满，但是索然无味。不如把自主权交给学生。学生对这部分的认知是一些碎片化的概念，要想让学生形成正确的微观世界的物质观念，需要有一个整合、加工、提升的递进式的过程。

教师可以引导学生整合知识,形成框架化、系统化的知识体系。学生经过分析信息、归纳规律的过程,就可以提高概括分析问题的能力。这一部分知识学习最重要的意义就是激发学生的学习兴趣,为学生立志投身科学事业打下基础。通过学习建立原子结构模型的过程,领会在事实基础上经过想象、类比、论证后建立物理模型的方法,要知道所建模型是否正确还需要实验的验证。通过学习人类探索微观世界的历程,体会科学家探索的艰辛和成功的喜悦,感悟科学方法的神奇魅力,激发探索物质世界奥秘的兴趣和好奇心。

三、教学建议

[活动三]

阅读教材,思考以下问题:

1. 原子是由什么组成的呢?

2. 组成物质的粒子分别在什么时间、由哪些科学家发现的?完成下面的表格。

时　　间	微观世界的科学发现
19 世纪初	
1897 年	
1909 年	
20 世纪初	
20 世纪 60 年代	
20 世纪中叶	

3. 交流讨论:小组展示课前收集的汤姆孙、卢瑟福等科学家的研究历程,谈谈对他们所做贡献的理解和想法。

4. 比较太阳系和原子的结构,有什么发现?

5. 对比太阳系和原子的核心,围绕太阳旋转的和围绕原子核旋转的分别是什么?

第二节 看不见的运动

分子间有空隙吗

通常,物质是由大量分子构成的,分子间存在着空隙。通过实验,观察并分析分子间存在着空隙。

一、教学案例

[活动一]

学生按图11-1进行实验探究,要求将酒精倒入水中,倒入前,请各组记录混合后的总体积。实验结果是总体积小于两种液体体积之和,减少的体积去哪里了?学生进行猜想,教师提示:往一堆鸡蛋里撒一把细沙子,能看见细沙吗,为什么?直到学生们得出正确结论:分子间有空隙。

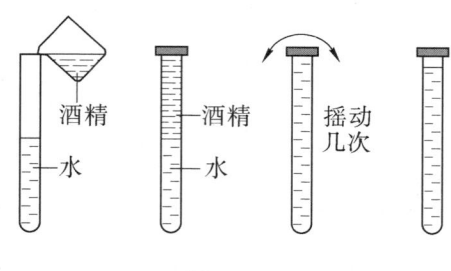

图11-1

提出问题:组成物体的微粒都在原地不动吗?

二、案例评析

直接进行分组实验,没有明确实验目标和要求,问题缺少直观引导,无法起到培养学生科学思维能力的目的。让学生先做实验,再通过教师的引导得出正确结论,注重知识的迁移,培养学生分析和解决问题的能力,但是这种引导并不能使大多数学生理解分子间有空隙,也就无法培养全体学生的核心素养。

建议给学生提供一个更加贴合实际的模型,例如把大豆和小米混合,再来观察体积的变化,这样就更加形象地模拟了分子之间有空隙的情境。建立以上物理模型对于那些不太善于抽象思维的学生会更有价值,能够有效激发学生的探究愿望和学习兴趣。微观和宏观相结合,既有直观的实验现象,又有微观感悟,学生在具体物理情境中去观察、比较、分析、概括、抽象出物理概念,运用科学的思维方式认识事物,培养学生的观察、分析、归纳能力,养成用建构模型的方法解决问题的思维习惯。

三、教学建议

[活动一]

做图 11-1 所示的实验,你发现什么现象?

联系课前家庭实验:在一个大玻璃杯里倒入半杯大豆,然后轻轻加入半杯小米,在杯壁上标记好小米上表面的位置,盖紧杯盖,将杯子颠倒用力晃动几下,大豆和小米的总体积是否变化?解释观察到的现象,思考分析分子具有什么特点?

分子是运动的还是静止的

肉眼看不到又小又轻的分子,通过实验观察,分析分子是在永不停息地运动。

一、教学案例

[活动二]

观察图 11-2 所示的实验,思考交流下面的问题:

1. 在抽去中间的玻璃板后,你发现了什么现象?由此推测分子具有什么特点?

2. 还有哪些现象可以说明分子具有这样的特点?列举有关现象并加以说明。

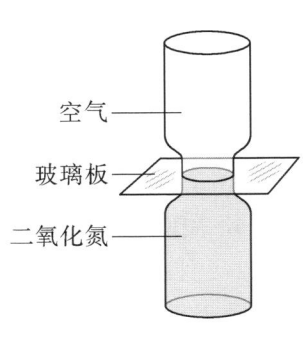

图 11-2

二、案例评析

让学生观察实验现象并从现象中抽象出分子的微观状态。由于问题的设计没有层层递进,学生科学思维能力的锻炼不充分。

建议让学生带着问题进行三组实验,三组对比实验排除了密度对实验结果的影响,设置更加科学合理,说明分子的运动在任何情况下都会发生。由现象进行推测,培养学生的微观思维能力。再利用开放性的举例问题,与生活紧密结合。引导学生从不同角度思考问题,进行分析论证,鼓励学生大胆发现,充分调动学生的积极性、主动性和创造性。

三、教学建议

[活动二]

1. 各小组将空瓶口对准装有二氧化氮气体的瓶口(按图 11-3 所示的实验做),抽去中间的毛玻璃,观察空瓶中是否有棕色的气体。

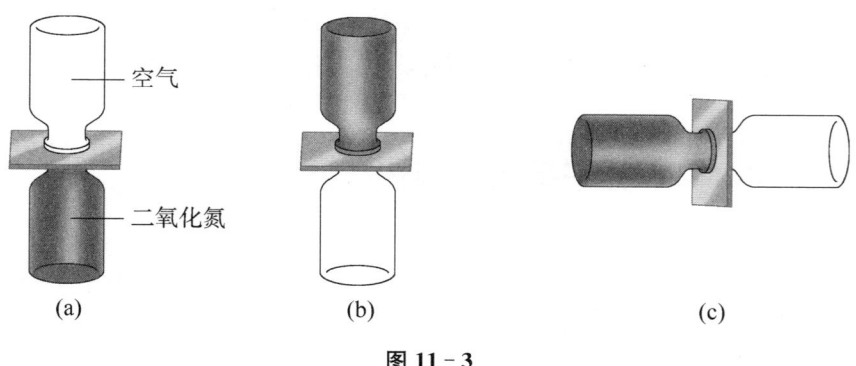

图 11-3

2. 向水中滴入一滴墨水,观察墨水是否散开。请学生描述观察到的现象,并分析现象产生的原因。

3. 还有哪些现象可以说明分子具有这样的特点?列举有关现象并加以说明。

4. 播放固体分子发生扩散现象的视频。

分子之间存在作用力吗

物质由分子组成,分子间的作用力使物质具有一定的形状。通过实验寻找证据,说明分子间存在着相互作用力。

一、教学案例

[活动三]

观察图 11-4 所示的实验,你发现什么现象,这些现象说明什么?

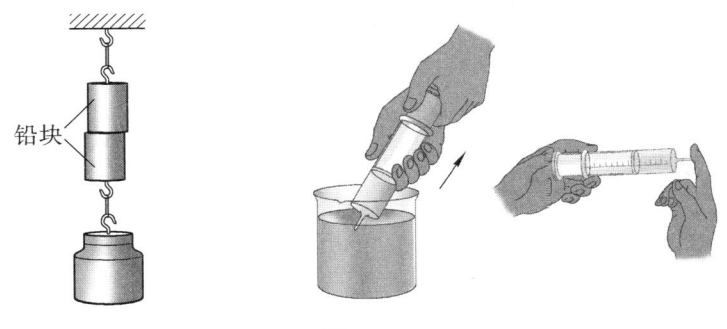

图 11-4

二、案例评析

两个实验看似对于分子间的引力和斥力都进行了探究,但是既没有宏观现象和微观规律之间必然的逻辑关系,又没有对宏观现象进行深入的提问思考。这种设计缺乏由宏观现象得出微观规律的必要引导,活动的设计没有梯度,没有经历科学探究过程,而是强行得出微观结论,限制了学生科学思维的发展。

学生应该经历在具体物理情境中的观察、比较、分析、概括、抽象物理概念的过程,由现象分析得出分子间力的规律。铅块"吸引"的实验,既能引起学生的兴趣,又能使学生通过亲身体验,感受到分子间的引力,运用科学的思维方式认识事物,培养学生的观察、分析、归纳能力。由实验现象进行进一步探讨,排除错误认识,并与前面的知识相呼应,引导学生从不同角度思考问题,鼓励学生大胆质疑,这样才能做到逻辑清晰,这是面向真实的深度学习。

三、教学建议

[活动三]

1. 请学生把细铁丝拉长,说明用力情况并思考讨论:铁分子之间存在空隙,分子也在不停地运动,为什么铁丝分子不向四处散开,而是总聚合在一起,为什么要用很大的力才能把铁丝拉断呢?

2. 演示:把两块表面干净的铅压紧,下面吊各种重物,可以挂钥匙、水杯等。

3. 在注射器中注入水,用手堵住针筒嘴,用力推活塞,容易推动吗?请学生说明实验现象产生的原因。

物质中的分子状态

物质的状态常分为固态、液态和气态。通过实验或游戏,让学生认识到物质三种状态的不同。

一、教学案例

[活动四]

阅读教材"物质中的分子状态"内容,并引导总结其原因。

1. 固体:分子靠得很近且有规律地紧挨在一起。所以,固体有一定的体积和形状。

2. 液体:分子靠在一起,在一定限度内,分子能运动或滑动。所以,液体有一定的体积而没有一定的形状。

3. 气体:分子离得比较远,能自由地向各个方向运动。所以,气体没有固定的形状和确定的体积。

二、案例评析

用学生阅读自学的形式,能培养学生的自主学习能力,但单一的学习方式,略显枯燥,对于微观世界的学习,若采用这种方式起不到培养学生核心素养的作用。

在学生初步建立固体、液体和气体分子模型的基础上,可以通过游戏体验,提高学生的学习兴趣,活跃课堂气氛和学生思维,培养学生建立物理模型的能力。通过解释生活中的现象,提高学生分析问题和解决问题的能力,使他们充分认识到物理来源于生活,同时又是解决生活问题的基本工具。体会到简单的现象里可能包含深刻的物理知识,这样更能激发学生观察、思考的兴趣,并让学生养成通过分析、理解来学习物理的良好习惯。

三、教学建议

[活动四]

1. 列举生活中的实例。

(1) 在空气中挥舞手臂轻而易举。

(2) 在没膝的水中急行步履维艰。

(3) 拔冻在冰中的木棒难于登天。

带着学生了解这三种生活现象中的一些物理问题,阅读教材了解物质中的分子状态。

2. 小组合作完成游戏:每位同学代表一个分子,分别模拟固体、液体和气体中分子间的距离和分子的运动情况。

第三节 探索宇宙

探索的历程

宇宙一直是人类困惑、关注、探索的焦点。通过相关资料,了解科学家们探索宇宙的历程。

一、教学案例

[活动一]

阅读教材认识人类对宇宙的探索历程,树立正确的宇宙观。

二、案例评析

简单的图片和单一的自学方式,会让学生感觉枯燥乏味,达不到激发学生探索宇宙奥秘兴趣的目的。教师应引导学生从宏观视角初步了解宇宙,开阔学生眼界,激发学习热情,增强学科意识。

建议多用视频展示教材内容,生动形象并且直观,可以通过一些具体的事例,让学生了解人类探索太阳系及宇宙的历程。如古希腊人的宇宙观,哥白尼的"日心说"向影响了人类长达千年之久的"地心说"提出了挑战,牛顿的万有引力定律为人类探索宇宙奠定了坚实的理论基础。

教师要让学生了解人类在探索宇宙历程中所做的艰苦努力,其中的失败与成功,引导学生学习科学家追求真理、勇于探索的精神。

教师要结合我国在航空航天领域的发展历程,展示中国航天的发展与成就,让学生感受到民族的尊严和自豪感,以此培养学生的爱国情怀和社会责任感,让学生从小树立远大理想和为我国科技事业贡献力量的坚定信念。

三、教学建议

[活动一]

观看视频了解人类探索太阳系及宇宙的历程,认识人类对宇宙的探索将不断深入,并叙述太阳系的组成。了解我国航空航天技术进展,让学生分组展示在课前收集的资料(主题推荐:相关科学家的故事、东方红一号、中国天眼、天问一号、天宫空间站、北斗卫星等),并采用分组讨论的方式,充分调动主动学习的积极性并发挥丰富的想象力。

浩瀚的星空

我们生活的地球是浩瀚星空中太阳系这个大家庭里一颗相对较小的行星。通过查找资料,了解相关知识。

一、教学案例

[活动二]

观看视频，教师提出问题：宇宙从哪儿来，到底有多大？然后引入课题。学生观看大屏幕图片（图11-5），了解太阳系及宇宙，认识人类对宇宙的探索将不断深入，知道太阳系是以太阳这颗恒星为中心，并由行星及其卫星、矮行星、小天体等组成的一个天体系统。

图 11-5

二、案例评析

虽然图片视频等素材相对较多，但是内容离学生生活很遥远，且素材的选择都来自教师的视角，学生的参与感不强，兴趣不高，导致学生很难深入地理解，学习时会感觉困难。

这节涉及很多天文知识，容量较大，部分学生对于这方面的了解比教师多，因此尽可能地让学生自己收集资料、提出问题并发表看法，如此可以充分调动学生的学习积极性，培养学生对科学的追求，以及认识宇宙的科学态度和探索宇宙的科学精神。

三、教学建议

［活动二］

1. 学生小组讨论，结合课前收集的资料，交流一下自己对于太阳系及宇宙的了解，说说太阳系及宇宙相关的知识。

2. 教师先在黑板合适的位置画一个直径为 10 cm 的圆代表地球，然后让学生参照教材"太阳系八颗行星部分近似数据"表格中"行星直径（相对地球）"的数据，在黑板上按照距离地球远近的顺序依次画出大小合适的圆表示相对应的行星，并标注行星名称。